Washington Irving

Ausflug auf die Prärien zwischen dem Arkansas und Red River

weitsuechtig

Washington Irving

Ausflug auf die Prärien zwischen dem Arkansas und Red River

ISBN/EAN: 9783956560859

Auflage: 1

Erscheinungsjahr: 2013

Erscheinungsort: Bremen, Deutschland

@ weitsuechtig in Access Verlag GmbH. Alle Rechte beim Verlag und bei den jeweiligen Lizenzgebern.

weitsuechtig

Ausflug
auf die Prairien

zwischen

dem Arkansas und Red-river,

von

Washington Irving.

—◆—

Stuttgart und Tübingen,
in der J. G. Cotta'schen Buchhandlung.

1 8 3 5.

In den vielgepriesenen Regionen des fernen Westen, mehrere hundert Meilen jenseits des Mississippi, liegt ein weiter Strich unbewohnten Landes, wo man nirgends weder das Blockhaus des Weißen, noch den Wigwam des Indiers erblickt; mächtige, mit Gras bewachsene Ebenen, von Wäldern und Gebüschen durchschnitten, bewässert vom Arkansas, dem Grand-Canadian, dem Red=River und allen ihren Nebenströmen. Ueber diese grüne, fruchtbare Fläche streift noch das Elen, der Büffel und das wilde Pferd in voller angeborner Freiheit. Es ist dieß das eigentliche Jagdgebiet der verschiedenen Volksstämme des Westens: hieher kommt der Osage, der Creek, der Delaware und andere Stämme, die sich der Cultur zugewandt und in der Nachbarschaft der weißen Niederlassungen leben; hieher gehören auch die Pawnees, die Comanchen und andere stolze, bis jetzt noch unabhängige Stämme, die Nomaden der Prairien, die am Saume der Felsengebirge wohnen. Auf den erwähnten Landstrich macht jede dieser kriegerischen, rachsüchtigen Völkerschaften Anspruch, nicht als ob sich eine derselben innerhalb seiner Gränzen bleibend niederlassen wollte, sondern zur Jagdzeit kommen ihre Jäger und Krieger in zahlreichen Haufen hieher, errichten ihre Lager aus Laubwerk und Häuten, räumen in der Eile unter den unzähligen Heerden auf, die in den Prairien weiden, und ziehen sich, beladen mit Wildpret und Büffelfleisch, rasch aus der gefährlichen Nachbarschaft weg. Diese Züge haben immer kriegerischen Charakter; die Jäger sind stets zu Schutz und Trutz gewaffnet und müssen unaufhörlich auf ihrer Hut seyn. Stoßen sie auf Jäger von fremdem Stamme, so kommt es zu blutigen Reibungen. Auch ihre Lager können jeden Augenblick von feindlichen Streifpartien überfallen, ihre Jäger, in der zerstreuten Verfolgung des Wildes, von lauernden Feinden gefangen oder niedergemacht werden. Modernde Schädel und Gebeine, hier in einer finstern Schlucht, dort bei den Spuren eines Jägerlagers, bezeichnen hin und wieder die Stelle eines Scharmützels, und weisen den Wanderer auf die Gefahren seiner Reise hin. Das Folgende ist die Beschreibung eines Ausflugs auf dieses Jagdgebiet, das zum Theil bis jetzt von Weißen noch gar nicht betreten ist.

Zu Anfang Octobers 1832 kam ich nach Fort Gibson, einem Gränzposten im fernen Westen am Neosho oder Grand-River, nahe an seinem Einfluß in den Arkansas. Ich war den Monat zuvor in kleiner Gesellschaft von St. Louis an den Ufern des Missouri hinauf, längs der Kette von Agentschaften und Missionen hingereist, welche sich vom Missouri an den Arkansas erstreckt. An unserer Spitze befand sich einer der Commissäre, die von der Regierung der Vereinigten Staaten aufgestellt sind, um die Niederlassung der indischen Stämme, welche gegenwärtig vom Osten des Missisippi gegen Westen wandern, zu leiten, und so besichtigte er denn, wie es sein Amt mit sich brachte, die Vorposten der Cultur. Er war aus einer Stadt in Connecticut gebürtig, ein Mann, dessen einfachem Sinn und dessen Herzensgüte ein langes Geschäftsleben keinen Eintrag hatte thun können. Den größten Theil seines Lebens hatte er an den friedlichen Ufern des Connecticut unter Geistlichen, Kirchenvorstehern und respectabeln Leuten der Art zugebracht, da erging auf Einmal der Ruf an ihn, sein Pferd zu besteigen, seine Büchse umzuhängen und sich in die pfadlose Wildniß im fernen Westen unter Jäger, Gränzansiedler und nackte Wilde zu begeben. Ein anderer meiner Reisegefährten war ein Engländer von Geburt, aber von fremder Abstammung. Er hatte sehr große Reisen gemacht und war so gleichsam ein Weltbürger geworden, der sich in jeden Wechsel leicht schickt. Er gab sich mit tausenderlei ab, war Botaniker, Geolog, Käfer- und Schmetterlingsjäger, Musikliebhaber, Zeichner ohne die geringsten Ansprüche, kurzum ein ächter Dilettant, und dazu ein unermüdlicher, wenn auch nicht immer glücklicher Jäger. Mein dritter Begleiter war mit dem eben erwähnten aus

Europa herübergekommen und reiste mit ihm als sein Telemach, gleich dem alten ganz dazu gemacht, seinen Mentor in Verlegenheit und Unruhe zu setzen. Es war ein junger Graf aus der Schweiz, kaum vier und zwanzig Jahre alt, voll Geist und Talent, aber muthwillig im höchsten Grad und zu Abenteuern jeder Art aufgelegt. Nach dieser Aufzählung meiner Freunde muß ich noch einer Person von untergeordnetem Rang erwähnen, die aber von der höchsten, vielseitigsten Bedeutung war: Pferdeknecht, Kammerdiener, Koch, kurz das Factotum. Es war ein kleiner, schwarzbrauner, magerer, französischer Creole, Namens Antoine, gemeinhin Toni genannt; eine Art von Gränzgilblas, der sich durchs Leben gebracht, so gut er konnte, bald unter Weißen, bald unter Indiern, bald im Dienste von Kaufleuten, Missionären und indischen Agenten, bald auf den Jagdzügen der Osagen. Er kam in St. Louis in unsern Dienst, wo er ein kleines Gut hat, ein indisches Weib und eine Brut von Blendlingen. Seiner eigenen Aussage nach aber hat er in jedem Stamm ein Weib, und wollte man alles glauben, was dieser kleine Landstreicher von sich selbst zu erzählen wußte, so hatte er weder Glauben noch Moral, weder Angehörige noch ein Heimwesen, ja kaum eine Sprache, denn er redete ein babylonisches Gemisch von Englisch, Französisch und Indisch. Er war dabei ein gewaltiger Aufschneider und ein Lügner erster Größe. Höchst ergötzlich waren seine ins Unglaubliche gehenden Schilderungen, was er im Krieg und auf der Jagd für mächtige Thaten verübt, und wie er da und dort wie durch ein Wunder entkommen.

Unsere Reise war sehr angenehm gewesen; wir hatten gelegentlich auf den weit zerstreuten Niederlassungen der indischen Missionäre eingesprochen, in der Regel aber in den herrlichen Forsten an den Ufern der Ströme unter Zelten bivouakirt. Wir hatten zuletzt unsern Marsch beschleunigt, in der Hoffnung, zeitig genug nach Fort Gibson zu gelangen, um die osagischen Jäger auf ihrem herbstlichen Zug in die Büffelprairien begleiten zu können. Die Phantasie unsers jungen Grafen hatte bei dieser Aussicht Feuer gefangen. Die Geschichten des kleinen Toni von indischen Kriegern und indischen Weibern, von der Jagd des Büffels und des wilden Pferdes, hatten ihm den Kopf verrückt und ihn ordentlich heißhungrig gemacht nach dem wilden

eben in der Prairie. Es war lustig, wie er in jugendlichem
Feuer zum voraus genoß, was er alles erleben und thun werde,
wenn er sich einmal unter den Indiern befinde und herrliche Abenteuer bestehe; noch lustiger aber, den kleinen Toni schwadroniren
zu hören, der ihm versprach, bei allen gefährlichen Unternehmungen sein getreuer Schildknappe zu seyn, ihm zu zeigen, wie
man das wilde Pferd fange, den Büffel erlege und die Gunst
indischer Prinzessinnen gewinne. „Und wenn wir nur auch eine
Prairie brennen sehen!" sagte der Graf. — „Oh was das beißt!" rief der kleine Franzose, „ich stecke selbst eine an."

Die Luftschlösser eines jungen Mannes stürzen gar leicht
zusammen; des Grafen abenteuerlicher Feldzugsplan erhielt einen harten Stoß, als wir, bevor wir noch das Ziel unserer
Reise erreicht, vernahmen, die Osagen seyen bereits zur Büffeljagd aufgebrochen. Trotz dem war der Graf entschlossen,
ihre Spur zu verfolgen und sie einzuholen; er blieb daher in
dieser Agentschaft, ein paar Meilen von Fort Gibson, zurück,
um Erkundigungen einzuziehen und sich zum Zuge zu rüsten.
Sein Reisegefährte blieb bei ihm, während wir, der Commissär und ich, mit dem treuen, wahrheitsliebenden Toni, unsern Weg nach Fort Gibson fortsetzten. Ich mahnte Toni an
sein dem Grafen gegebenes Versprechen, ich sah aber, der
Bursche verstand sich ganz gut auf sein Interesse: er wußte,
der Commissär hatte in Folge seiner amtlichen Verrichtungen
längere Zeit im Lande zu verweilen, und konnte ihm leicht zu
einem bleibenden Dienste verhelfen, während der Aufenthalt des
Grafen nur vorübergehend war. Mit seinen Aufschneidereien
war es daher auf Einmal aus; er sagte dem Grafen kein Wort
mehr von Indiern, Büffeln und wilden Pferden, sondern schlich
sich sachte unter das Gefolge des Commissärs, und trabte schweigend hinter uns drein der Garnison zu.

Im Fort angelangt, that sich uns indessen eine neue Gelegenheit zu einem Streifzug in die Prairien auf. Wir hörten,
erst vor drei Tagen sey eine Compagnie berittener Jäger oder
Schützen aufgebrochen, welche zu einem weiten Streifzuge vom
Arkansas bis zum Red=River ausgesandt worden, wobei ein

Theil des Jagdgebiets der Pawnees, wohin bis jetzt noch kein Weißer den Fuß gesetzt, betreten werden sollte. So konnten wir denn diesen gefährlichen, interessanten Landstrich unter dem Schutz einer starken Bedeckung bereisen, ja mit öffentlicher Vollmacht, denn der Commissär konnte, kraft seines Amtes, die Dienste jener frisch geworbenen Mannschaft für sich in Anspruch nehmen, und just der Strich, den sie zu recognosciren hatten, war zu Niederlassungen für verschiedene der wandernden Stämme bestimmt.

Rasch war unser Plan gefaßt und ausgeführt: ein Paar Creekindier wurden vom Commandanten des Forts den Jägern nachgeschickt, damit sie Halt machten, bis der Commissär und seine Gesellschaft sie einholten. Da wir drei, vier Tage durch einen wilden Landstrich zu marschiren hatten, bevor wir das Corps einholen konnten, so wurde uns eine Bedeckung von vierzehn berittenen Schützen mit einem Lieutenant beigegeben.

Wir schickten in die Osage=Agentschaft, und meldeten dem jungen Grafen und seinem Begleiter unsere neuen Pläne und Aussichten, und luden sie ein uns zu begleiten. Der Graf vermochte indessen der Lust, die er sich von einem völlig wilden Leben versprach, noch nicht zu entsagen; er ließ daher zurück sagen, er wolle mit uns ziehen, bis wir den indischen Jägern auf die Spur kämen, dann sey er fest entschlossen, sie in der Wildniß aufzusuchen. Es ward ausgemacht, die ganze Gesellschaft sammt der Bedeckung solle sich am folgenden Morgen in der Agentschaft zusammenfinden.

Wir rüsteten uns nun eilig zum Aufbruch. Unser Gepäck war bisher in einem leichten Wagen geführt worden, aber jetzt führte unser Weg durch ein fast unbetretenes, von Strömen, Schluchten und dicken Wäldern durchschnittenes Land, wo uns ein solches Fuhrwerk zur größten Last geworden wäre. Wir mußten zu Pferde reisen, auf Jägermanier, und mit so wenig Ueberlast als möglich; unser Gepäck mußte daher aufs nothdürftigste reducirt werden. Seine wenigen Kleider brachte jeder in ein Paar Satteltaschen, und diese wurden nicht voll; sie, sammt dem Mantel, wurden dem Reitpferd aufgelegt; das übrige Geräthe kam auf Packpferde. Jeder hatte ein Bärenfell und ein Paar Decken zum Lager, und ein Zelt für Krankheitsfälle oder schlimmes Wetter ward mitgeführt. Wir versorgten uns mit einem ziemlichen Vorrathe von Mehl, Kaffee und Zucker, nebst etwas gesalzenem Schweinefleisch für unvorhergesehene Fälle, denn hinsichtlich der gewöhnlichen Nahrung waren wir auf die Jagd angewiesen.

Die Pferde, die auf unserer bisherigen Reise nicht unbrauchbar geworden waren, nahmen wir als Packpferde oder überzählige mit; da wir aber jetzt einen weiten, beschwerlichen Marsch vor uns hatten, wo man gelegentlich jagen mußte, und wo, stieß man auf feindliche Wilde, das Heil des Reiters von der Güte seines Rosses abhängt, so waren wir darauf bedacht, uns gut beritten zu machen. Ich verschaffte mir eine silbergraue Stute, etwas roh zwar, aber kräftig und dauerhaft, und behielt einen derben Klepper, den ich bisher geritten, und den man jetzt, da er etwas mitgenommen war, frei mit den Packpferden laufen ließ, um ihn nur im Nothfalle zu besteigen.

Als alles in Ordnung war, brachen wir am Morgen des 10 Octobers von Fort Gibson auf. Nach wenigen Meilen gelangten wir zur Furth des Verdigris=Flusses, eine wilde Felsenpartie, mit mächtigen Bäumen überhangen. Unser kleiner Franzmann Toni führte die Nachhut mit den Packpferden. Er schien höchst aufgeräumt, denn er war gewissermaßen avancirt. Bisher hatte er den Wagen geführt, und dieß mochte in seinen Augen ein sehr niedriges Amt seyn, jetzt war er auf den Gaul gekommen. Er saß auf einem der Pferde hinter dem Gepäck wie ein Affe; er sang, jauchzte, bellte wie ein Indier, und fluchte immerfort auf die langsamen Packpferde. Indem wir über den Fluß zogen, sahen wir am Ufer gegenüber einen Creekindier zu Pferd; er beobachtete uns von einem Felsen herab, und bildete eine äußerst malerische Staffage zu der wilden Landschaft. Er trug ein blaues Jagdhemd mit rothen Franzen besetzt; er hatte ein buntfarbiges Schnupftuch fast wie einen Turban um den Kopf gebunden, und das eine Ende hing am Ohr nieder; in der Hand hielt er eine lange Büchse, und sah aus wie ein wilder Araber auf der Lauer. Unser schwatzhafter, vorlauter Franzose rief ihn in seinem babylonischen Jargon an; aber der Wilde, der genug gesehen haben mochte, schüttelte die Hand über dem

Kopf, wandte sein Pferd, sprengte längs des Ufers hin und verschwand bald unter den Bäumen.

In kurzer Frist erreichten wir die Osage-Agentschaft, wo sich Obrist Choteau's Bureaux und Magazine für die indischen Geschäfte, und zur Vertheilung von Geschenken und Vorräthen befinden. Sie besteht aus wenigen Blockhäusern dicht am Flusse, und gab ein recht buntes Bild vom Leben auf der Gränze. Hier erwartete uns unsere Escorte, die Einen waren zu Pferde, Andere saßen auf umgestürzten Baumstämmen, noch andere schossen nach dem Ziele; ein sehr buntscheckiger Haufen, Einige in Röcken, aus grünen Decken gemacht, Andere in ledernen Jagdhemden, die Meisten aber in ganz seltsam schlecht gemachten Kleidern, sichtbar auf strengen Dienst berechnet. Nicht weit davon stand eine Gruppe Osagen, stattliche Leute, ernst und einfach in Miene und Aufzug. Sie hatten keinen Putz, und ihre Kleidung bestand allein in Decken, ledernen Strümpfen und Mocassins. Ihre Köpfe waren bloß, das Haar kurz abgeschnitten bis auf einen sträubenden Büschel auf dem Scheitel gleich einem Helmbusch. Sie hatten hübsche römische Züge und waren breit von Brust, und da sie fast alle ihre Decken um die Lenden gewunden hatten, so daß Brust und Arme nackt waren, so sahen sie stattlichen Bronzebildern ähnlich. Die Osagen sahen unter allen Indiern, die ich im Westen beobachtet, am besten aus. Die Cultur hat bis jetzt auf sie noch nicht so großen Einfluß geäußert, daß sie ihre einfache indische Tracht abgelegt, oder ihren kriegerischen und waidmännischen Sitten entsagt hätten, und ihre Armuth gestattet ihnen nicht, viel auf äußern Putz zu wenden. Einen gewaltigen Contrast mit ihnen bildete ein Haufe von Creekindiern; auf den ersten Anblick hat dieser Stamm etwas ganz Orientalisches: sie kleiden sich in kattunene Jagdhemden von mancherlei hellen Farben, mit hübschen Franzen besetzt, und breite Gürtel mit Glasperlen gestickt; ihre Strümpfe sind von gegerbter Hirschhaut, oder von grünem oder Scharlachtuch mit gestickten Kniebändern und Troddeln. Ihre Mocassins sind phantastisch zugeschnitten und verziert, und um den Kopf binden sie mit Geschmack bunte Schnupftücher. Außerdem war da ein

Durcheinander von Milizen, Jägern, Blendlingen, Creolen, Negern von jeder Schattirung: der ganze helle Haufe jenes namenlosen Gesindels, das sich zwischen Cultur und Wildheit auf der Gränze aufhält, wie jenes zweideutige Thier, die Fledermaus, sich nur zwischen Licht und Dunkel blicken läßt.

Das kleine Dörfchen in der Agentschaft war in vollem Aufruhr; namentlich unter dem Schuppen des Schmieds ward mancherlei gerüstet. Ein derber Neger beschlug ein Pferd, zwei Mestizen fabricirten eiserne Löffel, um Blei zum Kugelgießen darin zu schmelzen. Ein alter Jäger in ledernem Jagdkittel und Mocassins hatte seine Büchse an eine Bettstelle gelehnt, während er der Arbeit zusah und von seinen Heldenthaten auf der Jagd schwatzte; verschiedene große Hunde liefen in und vor dem Schuppen herum oder schliefen in der Sonne, während ein kleiner Köder, den Kopf auf eine Seite geneigt und ein Ohr gespitzt, naseweis, wie kleine Hunde sind, zusah, wie man das Pferd beschlug, als wollte er sich die Kunst einprägen, oder als wartete er, bis die Reihe des Beschlagens an ihn käme.

Wir fanden den Grafen und seinen Begleiter, den Dilettanten, marschfertig. Da sie die Osagen einholen und eine Zeit lang auf der Büffel= und Pferdejagd zubringen wollten, hatten sie sich demgemäß eingerichtet, und sich neben den Pferden, deren sie sich auf dem Marsche bedienten, weitere von bester Qualität angeschafft, welche hier gewöhnlich nachgeführt und nur zur Jagd bestiegen werden sollten. Sie hatten auch einen jungen Mann, Namens Antonio, einen Blendling von Franzosen und Osagen, in Dienst genommen. Er sollte eine Art Tausendkünstler abgeben, sollte kochen, jagen, die Pferde besorgen, hatte aber große Lust, gar nichts zu thun, denn er war von dem nichtswürdigen Gesindel, wie es in den Missionen zur Welt kommt und aufgezogen wird, überdieß dadurch verdorben, daß er für einen ganz hübschen Burschen, eine Art von Gränz=Adonis galt, noch mehr aber durch seine Ansprüche auf hohe Verwandtschaft, weil seine Schwester die Concubine eines weißen Kaufmanns war. Der Commissär und ich unsererseits wünschten uns, bevor wir aufbrachen, einen weitern, im Waidwerk wohl bewanderten Diener zu verschaffen, der unsern Jäger machen sollte; denn unser kleiner Franzose bekam natürlich im Lager mit Kochen, auf dem Marsch bei den Packpferden alle Hände voll zu thun. Ein solcher

Bursche fand sich denn auch in der Person Pierre Beatte's, eines Blendlings zwischen Franzosen und Osagen; die ihn empfahlen, versicherten uns, er sey von mannichfachem Jagd= und Kriegszügen her durchaus mit dem Lande bekannt, er könne uns als Führer wie als Dolmetscher gute Dienste leisten, und sey ein trefflicher Waidmann.

Ich gestehe, sein Blick gefiel mir nicht, als ich ihn zum erstenmal sah. Er kam einher in einem alten Jagdkittel und Strümpfen von Hirschhaut, schmutzig und schmierig, vom langen Tragen wie gewichst. Er war etwa sechs und dreißig Jahre alt, untersetzt und kräftig gebaut. Seine Züge waren nichts weniger als gemein, denn sie erinnerten stark an Napoleon, nur stärker ausgeprägt, mit vorspringenden indischen Backenknochen. Sein dunkelgrünliches Colorit mochte ihn einer alten Bronzebüste des Kaisers, die ich einmal gesehen, noch ähnlicher machen. Er hatte überdieß einen düstern, grämlichen Ausdruck, wozu der schlotterige wollene Hut und das struppige Haar, das ihm über die Ohren niederhing, vollkommen paßten. Eben so wenig einnehmend waren die Manieren des Mannes; er war kalt, einsylbig; er versprach nichts, äußerte nichts über sich, gab an, was er für seine und seines Pferdes Dienste verlangte, was wir etwas viel fanden; er bezeugte aber keine Lust, davon abzulassen, noch schien ihm an unserem Dienst überhaupt viel gelegen. Ueberhaupt hatte er in seinem ganzen Wesen mehr vom Rothen als vom Weißen, und da man mich vor allen Blendlingen, als einem unzuverlässigen, treulosen Geschlechte, gewarnt hatte, so wäre ich der Dienste Pierre Beatte's sehr gern überhoben gewesen. Wir hatten indessen nicht Zeit, uns mehr nach unserem Geschmack zu versehen, und mußten auf der Stelle mit ihm ins Reine kommen. Er ging also, sich zur Reise zu rüsten, und versprach, Abends im Lager zu uns zu stoßen.

Noch fehlte mir etwas zur vollen Ausrüstung für die Prairien — ein ganz zuverlässiges Pferd. Ich war noch nicht ganz beritten, wie ich wünschte; der Grauschimmel, den ich gekauft, war zwar kräftig und brauchbar, aber roh. Im letzten Augenblick noch fiel mir ein treffliches Thier in die Hand, dunkelbraun, kraftvoll, rasch und trefflich zugeritten. Mit Entzücken bestieg ich es und übergab den Silbergrauen dem kleinen Toni, und dieser gebärdete sich so toll vor Freude, da er sich so trefflich en cavalier erblickte, daß ich fürchtete, er möchte das alte bekannte Sprüchwort vom Bettler, der auf den Gaul kommt, wahr machen.

———

Die langgehaltenen Töne eines Jagdhorns gaben endlich das Zeichen zum Aufbruch. In lang gestreckter Marschlinie defilirten die Jäger durch das Gehölz; bald waren auch wir im Sattel und hinter ihnen her, aber die Unbotmäßigkeit der Packpferde verursachte Aufenthalt. Sie waren nicht gewohnt, die Linie zu halten und brachen links und rechts durch das Dickicht, trotz der Verwünschungen Toni's, der auf seinem zierlichen Schimmel, eine lange Flinte über der Schulter, prügelnd und fluchend hinter ihnen her war. So verloren wir bald unsere Escorte aus dem Gesichte, verfolgten aber ihre Spuren durch Hochwälder und verworrenes Gesträuch, an indischen Wigwams und Negerhütten vorüber bis zur Dämmerung, da wir bei einem Gränzgehöfte anlangten. Es lag auf einem Hügel, an dessen Fuße sich die Jäger in einem Gehölz am Ufer eines Flusses gelagert hatten. Der Herr des Hofes nahm uns freundlich auf, konnte uns aber keine Bequemlichkeiten bieten, weil fast sein ganzes Haus krank war. Mit seiner eigenen Gesundheit stand es, wie es schien, nicht zum Besten, denn er war zwar sehr derb von Körperbau, sah aber gelb und ungesund aus, und seine Stimme wechselte immer sonderbar zwischen Discant und tiefem Baß. Da wir sahen, daß sein Blockhaus ein Spital voll Invaliden war, ließen wir unser Zelt im Hofraum aufschlagen.

Wir waren nicht lange im Lager, da erschien unser neu angeworbener Diener, Beatte, der Mestize. Neben dem Pferde, das er ritt, hatte er eines an der Hand, das gut mit Vorrath bepackt schien. Beatte war ein alter Soldat, das sah man wohl an der Art, wie er für sich zu sorgen und sich für Nothfälle zu versehen verstand. Da er sich als im Dienste der Regierung betrachtete, weil der Commissär ihn gedungen, hatte er sich Rationen von Mehl und Speck geben lassen und sie wasserdicht verpackt. Neben dem Pferde für den Marsch und den gewöhnlichen Dienst, einem rohen, kräftigen Thier, hatte er noch ein Jagdpferd; dieses war, gleich ihm, von gemischter Race, vom zahmen Schlag und der wilden Prairierace, und wirklich ein edles Roß, feurig, von zierlichem Gangwerk und trefflichen Beinen. Er hatte seine Pferde in der Agentschaft noch gut beschlagen lassen, und war zu Krieg und Jagd vollständig ausgerüstet: die Büchse über der Schulter, Pulverhorn und Kugelbeutel an der Seite, das Jagdmesser im Gürtel, und Bündel Stricke am Sattelknopf; dieß, sagte man uns, waren Lariats oder Schlingen zum Fange der wilden Pferde.

So versehen und ausgerüstet, ist der indische Jäger in der Prairie, gleich dem Kreuzer zur See, völlig unabhängig von der Welt, auf sich selbst gewiesen, durchaus selbstständig. Er kann sich losmachen von allen Seinesgleichen, seinen eigenen Weg gehen und auf eigene Faust sein Glück versuchen. Es war mir, als sey sich Beatte seiner Unabhängigkeit bewußt und dünke sich höher als uns Alle, jetzt, da es in die Wildnuß hineinging. Bei großer Einsylbigkeit war sein Blick fortwährend halb stolz, halb verdrießlich, und sein erstes Geschäft war, seine Pferde abzupacken und sie für die Nacht gut unterzubringen. In seinem ganzen Wesen bildete er den vollkommensten Contrast mit unserem quecksilbernen, plappernden kleinen Franzosen. Dieser schien auch eifersüchtig auf den Ankömmling. Er raunte uns zu, diese Blendlinge seyen empfindliche, launische, unzuverlässige Menschen; man sehe wohl, Beatte habe für sich selbst gut gesorgt, und wir seyen auf der Reise keinen Augenblick sicher, daß er nicht, ärgerlich oder beleidigt durch irgend was, ohne weiteres auf und davon gehe; denn er habe die Mittel, sich selbst fortzubringen und sey in den Prairien vollkommen zu Hause.

Am folgenden Morgen (11 Otcober) waren wir nach sieben Uhr auf dem Marsch und ritten über niedrige, fruchtbare Gründe von aufgeschwemmtem Land, mit üppiger Vegetation und ungeheuren Bäumen bewachsen. Unser Weg lief parallel mit dem westlichen Ufer des Arkansas, an welchem Flusse, und zwar da wo der Red-Fork in ihn fällt, wir das

Hauptcorps der Jäger einzuholen hofften. Ein paar Meilen weit war das Land mit Dörfern und Gehöften der Creekindier besäet, deren Bewohner, wie es schien, sich sehr leicht in die ersten Elemente der Cultur gefügt hatten, wobei sie sich auch ganz gut befanden; ihre Gehöfte waren gut angelegt, und ihre Wohnungen verriethen Wohlstand und Ueberfluß. Wir stießen auf ganze Haufen, welche von den großen Ballspielpartien heimzogen, wodurch dieses Volk berühmt ist. Manche waren zu Fuß, andere zu Pferd, letztere hin und wieder mit festlich geputzten Weibern hinter dem Sattel; lauter gut gebildete Leute, gedrungen, mit gut gebauten Beinen. Auf grelle Farben und bunten Zierrath sind sie erpicht wie Zigeuner, und aus der Ferne in der Prairie gesehen, nehmen sie sich gar hübsch und phantastisch aus. Einer hatte ein rothes Schnupftuch nebst einem schwarzen Federbusche, der aussah wie ein Hahnenschwanz, um den Kopf gebunden; ein anderer trug ein weißes Schnupftuch mit rothen Federn; ein dritter hatte in Ermanglung der Federn einen hübschen Sumachstrauß in seinen urban gesteckt.

Beim Eintritt in die Wildniß machten wir Halt und erkundigten uns nach dem Weg in einem Blockhause, wo ein weißer Ansiedler haus'te, ein langer, hagerer, alter Kerl mit rothem Haar und einem ellenlangen Gesichte, dem es zur Natur geworden war, mit einem Auge zu blinzeln, als wäre jedes Wort, das ihm aus dem Munde kam, höchst bedeutsam. Er war just in gewaltiger Aufregung: eines seiner Pferde war abhanden gekommen; er schwur darauf, es sey in der Nacht von einer Streifpartie Osagen, die in einem Sumpf in der Nähe gelagert, gestohlen worden. Aber er wollte sich schon Genugthuung verschaffen! er wollte an den Schurken ein Exempel statuiren! Dem zufolge hatte er die Büchse von der Wand genommen — das obligate Instrument, womit auf der Gränze Recht wie Unrecht geübt wird — hatte sein Pferd gesattelt, und war im Begriff einen Ausfall in den Morast zu machen, während ein Nachbar, die Büchse in der Hand, seiner harrte, um den Zug mitzumachen. Wir suchten den alten Prairiehelden zu beruhigen, und stellten ihm vor, sein Pferd könne sich im benachbarten Gehölze verlaufen haben; aber auf der Gränze müssen einmal die Indier alles verbrochen haben, und so ließ er sich durchaus nicht abhalten, mit Feuer und Schwert in den Morast einzufallen.

Nach einem Ritte von ein paar Meilen verloren wir die Fährte des Jägercorps, indem sich hier eine Menge Spuren von Indiern und Ansiedlern kreuzten. Bei einem Blockhause, wo ein Weißer wohnte, dem alleräußersten an der Gränze, erfuhren wir endlich, daß wir von unserem Weg abgekommen; der Mann führte uns eine Strecke zurück, brachte uns wieder auf die rechte Fährte, und sie verfolgend, betraten wir jetzt eigentlich die weite Wildniß. Die Spur lief, gleich einem gewundenen Fußpfade, über Berg und Thal, durch Holz und Gebüsch, durch verworrenes Dickicht und über offene Prairien. In der Wildniß zieht man immer, sey man nun zu Pferd oder zu Fuß, nach indischer Sitte in einer geraden Linie hinter einander her, wobei die Zugführer den Uebrigen den Weg bahnen und erleichtern; auf diese Weise verbirgt man auch die Stärke des Haufens, denn der Strich, den er genommen, wird nur durch einen schmalen getretenen Pfad bezeichnet.

Nicht lange waren wir wieder auf der Spur, da sahen wir, aus einem Walde tretend, unsern magern, blinzelnden, irrenden Ritter von der Gränze, seinen Waffenbruder hinter ihm, eine Anhöhe herabkommen. Als er näher kam, erinnerte mich die ganze knöcherne, traurige Gestalt an den Helden von La Mancha; hatte er doch gleichfalls ein gewaltiges Abenteuer zu bestehen, im Begriff, sich in das Dickicht des gefährlichen Morastes zu werfen, wo der Feind im Hinterhalte lag. Während wir am Abhange der Anhöhe uns mit ihm besprachen, sahen wir etwa eine halbe Meile weit einen Osagen zu Pferd, ein anderes Pferd an der Hand, aus dem Walde kommen. In letzterem Pferd erkannte unser blinzelnder Freund alsbald dasjenige, das er suchte. Als der Osage näher kam, ward ich von seinem Aeußern in hohem Grad überrascht; er war neunzehn, zwanzig Jahre alt, gut gewachsen, mit den hübschen, römischen Zügen, die seinem Stamm eigenthümlich sind; und wie er, seine Decke um die Lenden gewunden, einhergeritten kam, möchte seine nackte Büste ein gutes Modell für einen Bildhauer abgegeben haben. Er ritt einen hübschen, weiß und braunen Schecken vom wilden Prairieschlag, mit einem breiten Brustband, an dem vorn ein Büschel hellroth gefärbten Roßhaars hing. Der Jüngling kam langsam mit offenem, unbefangenem Wesen zu uns heran und gab uns vermittelst unsers Dolmetschers Beatte zu verstehen, das Pferd, das er an der Hand führe, habe sich in ihr Lager verlaufen, und er sey auf dem Weg, es dem Eigner zu bringen. Ich war von Seite unseres unschönen Ritters auf eine Aeußerung des Danks gefaßt, aber zu meiner großen Verwunderung gerieth der alte Kerl in eine unbeschreibliche Wuth. Er behauptete, die Indier hätten ihm in der Nacht sein Pferd entführt, um es ihm am Morgen wieder zu bringen und ein Trinkgeld dafür zu verlangen; dieß, versicherte er, sey ein gewöhnliches Stückchen bei den Indiern. Er meinte also, man solle den jungen Indier an einen Baum binden und ihm eine derbe Tracht Prügel geben, und war ganz verwundert, als der Unwille über solch neue Manier einen Dienst zu vergelten, sich laut unter uns äußerte. Aber so wird auf der Gränze nur zu oft Justiz geübt; der Kläger ist Zeuge, Geschworner, Richter und Büttel in Einer Person, und der Beklagte wird auf bloße Vermuthung hin für überwiesen erklärt und bestraft; und ich bin überzeugt, dergleichen ist eine Hauptquelle des Mißvergnügens und des Grolles unter den Indiern, welcher grausame Wiedervergeltung und am Ende Krieg zur Folge hat. Verglich ich die offenen edeln Züge, das freie Benehmen des jungen Osagen mit dem fatalen Gesicht und den hochländischen Manieren des Gränzmannes, so konnte bei mir kein Zweifel seyn, wessen Rücken mehr eine Tracht Prügel verdient hätte. Da sich nun der alte Lykurgus oder vielmehr Drako von der Gränze damit zufrieden geben mußte, daß er sein Pferd wieder hatte, ohne den Finder obendrein durchprügeln zu dürfen, so machte er sich mit seinem Gevatter brummend auf den Heimweg.

Der junge Osage aber hatte uns Alle für sich eingenommen; der junge Graf besonders, nach Alter und Charakter geneigt sich rasch anzuschließen, war ganz verliebt in ihn; es nützte nichts, er mußte den jungen Osagen auf dem Zug in die Wildniß zum Begleiter, zum Knappen haben. Der Jüngling ließ sich leicht bereden; die gute Gelegenheit, einen Zug in die Büffelprairien zu machen, eine neue Decke, die man ihm versprach, mehr brauchte es nicht; er wandte sein Pferd, kehrte dem Sumpf
und

und dem Lager der Seinigen den Rücken, und schloß sich dem jungen Grafen zur Verfolgung der indischen Jäger an. Solch herrlicher Unabhängigkeit genießt der Mensch im Naturzustande! Der Jüngling hier mit seiner Büchse, seiner Decke und seinem Rosse war jeden Moment bereit, in die weite Welt zu gehen; Alles, was von Werth für ihn war, führte er mit sich, und unabhängig von künstlichen Bedürfnissen verstand er die große Kunst, persönlich frei zu seyn. Wir in unserer Gesellschaft sind Sklaven, nicht sowohl Anderer als unser selbst; das Ueberflüssige wird für uns zur Fessel, die jede Bewegung unseres Körpers hemmt, jede Regung unsers Geistes niederhält. So philosophirte ich wenigstens damals; leicht mögen allerdings meine Speculationen diese ihre Richtung von dem Enthusiasmus des jungen Grafen erhalten haben, der mehr als je für das wilde Reiterleben in den Prairien schwärmte und davon sprach, so lange er sich unter den Osagen aufhalten werde, indische Tracht und indische Gebräuche annehmen zu wollen.

———

Im Laufe des Morgens ward die Spur, die wir verfolgten, von einer zweiten durchkreuzt, welche westwärts durch den Wald gerade dem Arkansas zulief. Beatte, unser Mestize, that nach genommenem Augenschein den Ausspruch, es sey die Spur der Osagen; sie müsse zu der Stelle führen, wo sie auf dem Wege zum Jagdgebiet über den Fluß gesetzt. Hier machten also der Graf und sein Begleiter Halt und schickten sich an, sich von uns zu verabschieden. Die erfahrensten Gränzmänner in unserm Trupp stellten ihnen das Unternehmen als äußerst gewagt vor. Sie sollten sich allein in die Wildniß werfen, nur einen jungen, unwissenden Mestizen und einen noch jüngern Indier als Führer und Begleiter; sollten mit einem Packpferd und zwei Handpferden durch dicke Wälder, über Strome und Moräste ihren Weg suchen. Die Osagen und Pawnees lagen im Krieg, und leicht konnten sie einer Streifpartie der letztern, die grausame Feinde waren, in die Hände fallen; außerdem mochte ihre geringe Anzahl und ihre kostbaren Pferde eine der Banden von Osagen, die da herum an der Gränze sich aufhalten, stark in Versuchung führen, ihnen bei Nacht ihre Pferde zu stehlen, und sie so hülflos, zu Fuß, mitten in den

Prairien, ihrem Schicksale zu überlassen. Aber nichts vermochte
des Grafen romantische Leidenschaft für eine Büffeljagd mit den
Osagen zu dämpfen, und es war, als ob der Gedanke an Ge=
fahren seine Jagdlust nur immer mehr steigerte. Sein Reisege=
fährte, ein Mann von gesetzterem Alter und ruhigem Tempera=
mente, sah die Unbesonnenheit der Unternehmung wohl ein; er
wurde aber nicht Herr über das leidenschaftliche Feuer seines jun=
ges Freundes, und dachte zu gut, um ihn den schlimmen Handel
allein unternehmen zu lassen. Zu unserm großen Leidwesen sa=
hen wir sie also dem Schutz unserer Escorte entsagen und ihren
gewagten Zug wirklich antreten. Die alten Jäger in unserem
Trupp schüttelten die Köpfe, und Beatte weissagte ihnen alles
mögliche Unheil; meine einzige Hoffnung war, sie würden bald
auf so viele Schwierigkeiten stoßen, daß die Hitze des Grafen
abgekühlt und er vermocht würde, uns wieder aufzusuchen. Mit
diesem Gedanken marschirten wir gemach vorwärts und hielten
um Mittag ziemlich lang an. Nachdem wir wieder aufgebrochen,
bekamen wir den Arkansas zu Gesicht. Er zeigte sich als ein
breiter, reißender Strom, gesäumt von einer Bank feinen San=
des, die mit Weiden und Baumwollenbäumen bewachsen war.
Jenseits des Flusses schweifte das Auge über eine herrliche, of=
fene Landschaft, grüne Ebenen und sanfte Hügel, von Gebüschen,
Baumgruppen und langen Waldstreifen durchschnitten; das Ganze
machte den Eindruck, als ob die Landschaft bebaut, ja künstlich ange=
legt, und nicht im Zustande natürlicher Wildheit wäre. Nicht weit vom
Fluß, auf einer freien Anhöhe, kamen wir durch einen erst kürzlich
verlassenen Lagerplatz eines Kriegshaufens von Osagen. Noch stan=
den die Gerippe der Zelte oder Wigwams, aus Stangen bestehend,
die, in einen Bogen gekrümmt, mit beiden Enden in den Boden ge=
steckt, mit Zweigen durchflochten, und mit Rinde und Häuten be=
deckt werden.

Wer mit dem Kriegswesen der Indier vertraut ist, erkennt aus
Gestalt und Stellung der Wigwams, welchem Stamme sie angehö=
ren, ob sie auf einem Kriegs = oder auf einem Jagdzug angelegt
worden. Am Lagerskelett, von dem wir hier sprechen, zeigte uns
Beatte den Wigwam, wo die Anführer rund um das Rathsfeuer
ihre Sitzung gehalten, und einen offenen stark mit Füßen getretenen
Platz, wo der große Kriegstanz war aufgeführt worden.

Als wir im Verfolg unseres Marsches durch einen Wald zogen, begegnete uns ein verirrter, halb verhungerter Hund, der mit entzündeten Augen und irren Blicken den Pfad einherkam. Die Vordersten überritten ihn fast, er achtete aber auf nichts, sondern tappte mitten unter den Pferden geradezu fort. Alsbald erscholl der Ruf: „ein toller Hund!" und einer der Jäger griff zur Büchse, aber der gefühlvolle Commissär that ihm Einhalt. „Er ist blind!" rief er; er gehört wohl einem armen Indier und sucht seinen Herrn durch den Geruch. Es wäre eine Schande, ein so treues Thier zu tödten." Der Jäger schulterte seine Büchse, und der Hund stolperte, ohne Schaden zu nehmen, blindlings durch die Pferde, und setzte, die Nase am Boden, seinen Weg auf der Fährte fort, ein seltenes Beispiel von einem Hunde, der jene schlimme Qualification überlebt.

Gegen drei Uhr kamen wir zu einem frischen Lagerplatze der Jägercompagnie; an einem der Feuer rauchten die Brände noch, so daß sie, nach Beatte's Meinung, nicht früher als Tags zuvor hier gewesen seyn konnten. Da nahebei ein hübsches fließendes Wasser und für die Pferde wilde Reben genug vorhanden waren, so lagerten wir uns hier für die Nacht. Nicht lange, so hörten wir lautes Halloh in der Ferne, und sahen den jungen Grafen mit den Seinigen durch den Wald herbeikommen. Mit herzlicher Freude hießen wir sie im Lager willkommen; denn bei ihrem gefahrvollen Zuge war uns gar nicht wohl zu Muthe gewesen. Kurze Erfahrung hatte sie überzeugt, wie schwierig und mühselig es für unerfahrne Reisende, wie sie, ist, sich mit einem solchen Trosse von Pferden und mit so geringem Gefolge durch die Wildniß zu schlagen. Zum Glück entschlossen sie sich noch vor Einbruch der Nacht, uns wieder einzuholen; eine einzige Nacht allein, und sie hätten leicht um ihre Pferde kommen können. Der Graf hatte seinen Schützling und Schildknappen, den jungen Osagen, vermocht, bei ihm zu bleiben, und noch immer gedachte er mit seinem Beistand auf den Büffelprairien große Thaten zu verrichten.

———

Morgens in der Frühe (12 October) langten die zwei Creeks, welche der Commandant von Fort Gibson ausgesandt, um das Jägerdetaschement halten zu heißen, auf der Rückkehr in unserem Lager an. Bei ihrem Abgange hatte die Compagnie etwa fünfzig Meilen von hier auf einem hübschen Fleck am Arkansas, wo es Wildpret in Menge gab, ein Lager bezogen, woselbst sie unsere Ankunft erwarten wollten. Diese Nachricht brachte reges Leben in unsere Gesellschaft, und mit Sonnenaufgang brachen wir mit frischen Lebensgeistern auf. Eben als wir aufsaßen, wollte der junge Osage seinem wilden Pferd eine Decke auflegen. Das empfindliche Thier scheute, bäumte sich und ging rückwärts. Die Stelluug des wilden Pferdes und des fast nackten Wilden hätte gute Studien für den Maler oder Bildhauer abgegeben.

Oft unterhielt es mich auf dem Marsch, den jungen Grafen und seinen neu geworbenen Begleiter zu betrachten, wenn sie vor mir herritten. Nie paßten ein preux chevalier und sein Knappe besser zusammen. Der Graf war gut beritten, und ein kühner, zierlicher Reiter. Gar gern ließ er auch sein Pferd courbettiren und machte dem sprudelnden Jugendfeuer Luft. Seine Kleidung war ein schöner Jagdrock von Hirschleder, der ihm sehr gut stand, schön purpurroth gefärbt und mit bunter Seide phantastisch aufgeputzt, als hätte ihn eine indische Schöne für einen Anführer gefertigt. Er trug ferner lederne Beinkleider und Mokassins, eine bequeme Mütze, und ein Doppelgewehr an einem Bandelier quer über den Rücken; er machte wirklich eine ganz malerische Figur, wenn er zierlich sein feuriges Roß führte. Der junge Osage ritt dicht hinter ihm auf seinem wilden, schön getigerten, mit rothen Haarbüscheln geputzten Pferde, den fein gebildeten Kopf und die Brust nackt, die Decke um die Lenden gewunden, in einer Hand die Büchse, in der andern den Zügel, als wäre er bereit, auf den ersten Wink mit seinem jungen Herrn zu einem wagehalsigen Ritt oder Fang aufzubrechen.

Nachdem wir eine Strecke geritten, setzten wir über einen schmalen, tiefen Fluß, auf einer festen Brücke, den Resten eines alten Biberdammes. Die fleißige Gemeinde, die ihn angelegt, war ganz ausgerottet. Ueber uns verkündete ein Flug wilder Gänse, die hoch in der Luft laut schnatternd dahinzogen, die späte Jahreszeit. Gegen halb eilf Uhr machten wir Halt in einem Holze, wo es wilde Reben im Ueberfluß gab. Hier ließen wir die Rosse frei weiden; Feuer wurde angemacht, Wasser aus einer Quelle in der Nähe herbeigeschafft, und in kurzer Frist war unser kleiner Franzose Toni mit einem Humpen Kaffee zu unserer

Erquickung fertig. Während wir ihn genossen, kam ein alter Osage zu uns, der zu der kleinen Jagdpartie gehörte, die vor kurzem dieses Wegs gezogen. Er suchte sein Pferd, das sich verlaufen hatte oder gestohlen worden war. Unser Beatte machte ein böses Gesicht, als er von indischen Jägern in diesem Striche hörte; „so lange wir diese Jäger nicht im Rücken haben, äußerte er, sehen wir keine Büffel. Sie scheuchen alles weg wie eine brennende Prairie."

Als das Frühmahl eingenommen war, unterhielt sich jeder auf seine Weise. Einige schossen mit den Büchsen nach dem Ziele, andere schliefen, halb begraben im tiefen Laubbette, den Kopf auf den Sattel gelegt; noch andere schwatzten unter dem Baum am Feuer, das blaue Rauchwolken in die Blätterkrone hinaufsandte. Die Rosse ließen sich die wilden Reben trefflich behagen, und manche legten sich nieder und wälzten sich darin. Wir lagerten im Schatten hoher Bäume mit geraden glatten Stämmen, gleich stattlichen Säulen, und die Sonnenblicke durch das durchscheinende, mit den mannichfachen herbstlichen Tinten gefärbte Laub erinnerten mich lebhaft an den Effect des Sonnenlichts an den gemalten Scheiben und dichtgedrängten Säulen einer gothischen Kathedrale. Ja, so großartig und feierlich sind manche große Forste in unserem Westen, daß sie dieselbe Stimmung in mir hervorrufen, wie jene gewaltigen, ehrwürdigen Gebäude, und das Brausen des Windes gilt dort statt der tiefen Orgeltöne.

Um Mittag blies das Horn zum Aufsitzen, und wir brachen auf, in der Hoffnung, das Lager der Jäger noch vor Nacht zu erreichen, da der alte Osage uns versichert, es sey nicht über zehn bis zwölf Meilen dahin. Auf dem Wege durch einen Wald kamen wir bei einem einsamen Teiche vorbei, der mit den schönsten Wasserlilien, die ich je gesehen, bedeckt war, zwischen denen hin und wieder eine Waldente schwamm, einer der schönsten Wasservögel durch herrliche Zeichnung und Glanz des Gefieders. Nicht lange, so gelangten wir an den Arkansas hinab, an eine Stelle, wo man aus den Spuren zahlreicher Pferde, alle dem Wasser zugekehrt, ersah, daß hier ein Trupp Osagejäger auf dem Zuge zur Büffeljagd kürzlich übergesetzt hatte. Nachdem wir unsere Pferde im Flusse hatten saufen lassen, zogen wir eine Weile am Ufer hin und dann über Prairien, wo wir in der Ferne Rauch gewahrten, wie wir hofften, vom Lager der Jäger. Der Spur folgend, die wir für die ihrige hielten, gelangten wir auf eine Wiese, wo ein Trupp Pferde weidete. Es waren indessen nicht die Pferde unserer Leute. Etwas weiterhin kamen wir in ein zerstreutes Osagedorf am Arkansas. Unsere Ankunft erregte gewaltiges Aufsehen; ein Häuflein alter Männer erschien, die uns allen nacheinander die Hände schüttelten, während Weiber und Kinder sich in Gruppen zusammensteckten, uns anstarrten und zusammen schnatterten und lachten. Wir erfuhren, die ganze junge Mannschaft des Dorfs sey auf der Jagd auswärts, und nur Weiber, Kinder und Greise zu Hause.

Der Commissär hielt hier eine Rede zu Pferd, worin er die Zuhörer mit dem Zwecke seiner Sendung, allgemeinen Frieden unter den westlichen Stämmen zu erwirken, bekannt machte, und sie ermahnte, allen kriegerischen, blutdürstigen Gedanken zu entsagen und die Pawnees nicht muthwillig anzugreifen. Diese Rede, von Beatte gedolmetscht, schien der Menge sehr friedliche Gesinnungen einzuflößen, und sie versprachen feierlich, was sie anlange, so solle von ihrer Seite der Friede nicht gebrochen werden, und Alter und Geschlecht machten es bei ihnen immerhin wahrscheinlich, daß es ihnen Ernst war.

Da wir immer noch hofften, das Lager der Jäger vor Einbruch der Nacht zu erreichen, so zogen wir weiter bis zur Dämmerung, wo wir denn am Rand einer Schlucht Halt machen mußten. Unsere Leute campirten unter Bäumen, während wir unser Zelt auf einer steinigen Anhöhe neben einem fließenden Wasser aufschlugen. Finster brach die Nacht herein, der Himmel war bedeckt, und ziehende Wolken verkündeten Regen. Hell brannten die Feuer der Jäger in der Tiefe, und warfen starke Massen von Licht auf die banditenartigen Gruppen, die sich kochend, essend, trinkend darum bewegten. Was die Scene vollends wild machte, waren mehrere Osagen, die aus dem eben erwähnten Dorfe herübergekommen waren und unter der Mannschaft Platz genommen hatten. Ihrer drei kamen auch zu uns und ließen sich an unserem Feuer nieder. Stillschweigend betrachteten sie alles, was vorging; sie waren anzusehen wie Bronzebilder. Wir gaben ihnen zu essen, und, was ihnen am liebsten war, Kaffee; denn der Hang zu diesem Getränke, der im ganzen Westen sich verbreitet, hat auch die Indier ergriffen. Als sie mit ihrem Mahle fertig waren, streckten sie sich neben einander vor dem Feuer nieder und stimmten leise einen näselnden Gesang an, wobei sie als Accompagnement sich mit den Händen auf die Brust schlugen. Der Gesang schien aus regelmäßigen Passagen zu bestehen, die sich aber nicht melodisch, sondern rasch abgebrochen mit einem Hah! endigten, das fast klang wie ein Schluchzer. Sie besangen darin, wie uns unser Dolmetscher Beatte versicherte, uns selbst, unsere äußere Erscheinung, die Aufnahme, die wir ihnen hatten zu Theil werden lassen, unser Vorhaben, so viel sie davon wußten. An einer Stelle war vom jungen Grafen die Rede, dessen rasches Wesen und leidenschaftliche Liebe für indische Abenteuer starken Eindruck auf sie gemacht hatte, und es kamen darin muthwillige Anspielungen auf ihn und die jungen indischen Schönen vor, was unsere Blendlinge höchlich ergötzte.

Diese Art von Improvisation findet sich bei allen wilden Stämmen; mit ein paar einfachen Modulationen besingen sie so alle ihre Thaten auf der Jagd und im Kriege, und hin und wieder äußert sich dabei burleske Laune und trockene Satyre, wozu die Indier überhaupt mehr Talent und Neigung haben, als man gewöhnlich meint. Die Indier, welche ich wirklich kennen zu lernen Gelegenheit gehabt, waren ganz andere Menschen, als man sie poetisch schildert. Sie sind durchaus nicht so stoisch, als man sich vorstellt, schweigsam, starr, zu lachen, wie zu weinen unfähig. Schweigsam sind sie allerdings in Gesellschaft von Weißen, deren Absichten ihnen verdächtig sind, deren Sprache sie nicht verstehen; unter solchen Umständen ist auch der Weiße schweigsam. Sind aber die Indier unter sich, so kann man sich kein geschwätzigeres Volk denken. Die halbe Zeit bringen sie mit Erzählen von Kriegs- und Jagdabenteuern oder phantastischen Historien zu. Sie sind auch treffliche Mimiker und Hanswurste, und erlustigen sich höchlich auf Kosten der Weißen, mit denen sie zu thun gehabt, und die Wunder meinten, welchen Respect ihre Hoheit und Würde ihnen eingeflößt. Sie sind sehr gute Beobachter, merken sich alles im Stillen, aber mit scharfem, wachsamem Auge, und wechseln hin und wieder einen Blick oder einen halben Ton, wenn ihnen etwas besonders auffällt, behalten aber alle Anmerkungen für sich, bis sie allein sind; dann aber wird nach Herzenslust kritisirt, gespottet, nachgemacht und gelacht. Während meiner Reise längs der Gränze hatte ich oft Gelegenheit zu beobachten, wie leidenschaftlich und ausgelassen lustig sie bei ih=

ren Spielen sind, und einmal war ich dabei, wie ein Trupp Osagen tief in die Nacht hinein in der lebhaftesten Unterhaltung an einem Feuer saß und zuweilen in ein schallendes Gelächter ausbrach, daß der Wald widerhallte. Was die Thränen anbelangt, so stehen sie ihnen im Ueberfluß zu Gebot, wahre und verstellte, und zu Zeiten suchen sie ein Verdienst darin. Niemand kann beim Tod eines Verwandten oder Freundes mehr und bitterlicher weinen, und zu Zeiten besuchen sie ihre Gräber, um zu jammern und zu wehklagen. So viel ich urtheilen kann, ist der Indier, wie er poetisch aufgefaßt wird, gleich dem Schäfer im alten Roman, eine reine Personification imaginärer Attribute.

Der näselnde Gesang unserer indischen Gäste erstarb allgemach; sie bedeckten sich die Häupter mit ihren Decken und entschliefen fest, und nicht lange, so war alles still, nur einzelne Regentropfen schlugen in unser Zelt.

Morgens frühstückten unsere drei indischen Gäste mit uns; aber der junge Osage, der den Schildknappen des Grafen auf seiner Ritterfahrt in die Prairien hätte abgeben sollen, war nirgends zu finden. Auch sein wildes Pferd ward vermißt, und nach mancherlei Vermuthungen kam man zum Schlusse, er werde wohl in der Nacht sich auf gut Indisch von uns verabschiedet haben. Später erfuhren wir, er sey durch die Osagen, die eben bei uns gewesen, dazu beredet worden; sie hatten ihm vorgestellt, welcher Gefahr er sich bei einem Zug auf dem Jagdgebiete der Pawnees aussetze, wobei er leicht den unversöhnlichen Feinden ihres Stammes in die Hände fallen könne, und, was nicht viel angenehmer war, welche Plackereien er vom launischen und hochfahrenden Wesen der Weißen zu erdulden haben werde; und diese waren, wie ich aus eigener kurzer Erfahrung wußte, allerdings sehr aufgelegt, die armen Indier nicht viel besser zu behandeln als das Vieh. Hatte er doch an sich selbst ein Beispiel davon, da um ein Kleines von jenem blinzelnden Ehrenmann das Gränzgesetz an ihm vollstreckt worden wäre, und zwar für das schwere Verbrechen, daß er ein lediges Pferd gefunden.

Das Verschwinden des jungen Indiers ward von unserer Gesellschaft allgemein bedauert, denn wir hatten ihn wegen seines angenehmen, offenen, mannhaften Aeußern und wegen seines freien, ungezwungenen Anstandes alle sehr lieb gehabt; er war in Wahrheit ein geborner Edelmann. Von niemanden aber ward er mehr bedauert, als vom jungen Grafen, der so auf Einmal um seinen Schildknappen kam. Mir that sein Abgang um seiner selbst willen leid, denn wir hätten ihn auf dem ganzen Zuge gewiß gut gehalten, und er wäre mit Putzwaaren und indischen Decken in Menge nach Hause gekommen.

Das Wetter, das in der Nacht regnerisch gewesen, hellte sich auf, und um sieben Uhr Morgens traten wir wieder unsern Marsch an, in der gewissen Hoffnung, bald das Lager der Jäger zu erreichen. Wir waren noch nicht über drei, vier Meilen geritten, da kamen wir zu einem großen Baume, der mit der Art frisch gefällt war, und zwar wegen des wilden Honigs im hohlen Stamme; noch lagen ein paar zerbrochene Honigscheiben herum. Jetzt wußten wir gewiß, daß das Lager nicht mehr weit seyn konnte. Ein paar Meilen weiter brachen einige Jäger plötzlich in ein lautes Freudengeschrei aus und wiesen auf ein Rudel Pferde, die auf einem waldigen Grunde weideten. Ein paar Schritte, und wir standen am Rand einer Landhöhe, von wo wir auf das Lager hinabsahen. Es war eine Scenerie aus dem ächten wilden Räuberleben. In einem prächtigen, offenen Forst, durch den ein Wasser lief, sah man Baracken von Rinde und Baumzweigen und Zelte aus Decken, lauter Anstalten gegen den letzten Regen, denn die Jäger campiren gewöhnlich unter freiem Himmel. Ueberall Gruppen von Jägern im seltsamsten Aufzug: einige kochten an mächtigen, unter den Bäumen angemachten Feuern, andere streckten Wildhäute; hier schossen welche nach dem Ziele, dort lagen andere im Gras. Hier ward geklopftes, an Hölzern aufgestecktes Wildpret über der heißen Asche getrocknet; dort lag frisches, von den Jägern eingebrachtes Wild. Haufen von Büchsen lehnten an den Baumstämmen, und darüber hingen Sättel, Zäume und Pulverhörner, indessen die Pferde da und dort im Gebüsche grasten.

Wir wurden bei unserer Ankunft im Lager mit lautem Jubelruf empfangen. Die Jäger drängten sich um ihre Cameraden, um sich zu erkundigen, was es Neues im Fort gebe; wir unsern Theils wurden von Capitän Bean, dem Befehlshaber der Compagnie, einem rührigen, kräftigen Vierziger, herzlich, in ächter Waidmannsweise aufgenommen. Er hatte sein Leben größtentheils auf der

Gränze, öfters im Kriege mit den Indiern zugebracht, und so war er ein ächter Waidmann, ein vortrefflicher Jäger. Er war dem entsprechend gekleidet: lederner Jagdrock und Strümpfe, und lederne Mütze. Während wir mir dem Capitän sprachen, trat ein alter Jäger zu uns, dessen ganzes Aeußere mir höchlich auffiel. Er war von Mittelgröße, aber derb und abgehärtet; der Kopf zum Theil kahl, mit fliegenden, eisengrauen Haaren, ein schönes schwarzes, noch jugendlich funkelndes Auge. Gekleidet war er fast wie der Capitän: Jagdrock und Strümpfe von Hirschleder, die sichtbar viel mitgemacht; ein Pulverhorn an der Seite, ein Jagdmesser im Gürtel, in der Hand eine alte, treue Büchse, von ihm ohne Zweifel gehalten wie ein Busenfreund. Er bat um Erlaubniß jagen zu dürfen, was ihm sogleich bewilligt wurde. „Das ist der alte Ryan," sagte der Capitän, als er fort war, „kein besserer Waidmann im Lager; der kommt nie mit leeren Händen heim."

Jetzt packte man unsere Pferde ab und ließ sie laufen, um sich an den wilden Reben zu erlustigen. Unser Zelt ward aufgeschlagen, unser Feuer angemacht; ein halber Hirsch war uns aus des Capitäns Quartier geschickt worden, Beatte brachte ein paar wilde Truthühner; die Bratspieße wurden besteckt, der Feldkessel mit Fleisch gefüllt, und um das Maß des Genußes voll zu machen, erhielten wir von einem Jäger eine Schale voll großer Waben des köstlichsten Honigs aus einem geplünderten Bienenbaum. Unser kleiner Franzmann Toni wußte sich vor Freude nicht zu lassen; er stülpte seine Aermel bis an die Ellbogen auf und machte sich daran eine Probe seiner Kochkunst abzulegen, auf die er sich fast so viel zu gut that, als auf sein Jagen, sein Reiten und seinen kriegerischen Muth.

———

In dem hübschen Forste, wo unser Lager aufgeschlagen war, gab es eine Menge Honigbäume, das heißt Bäume, in deren abgestorbenen Stämmen wilde Bienen sich angebaut. Es ist höchst auffallend, in welch zahllosen Schwärmen sich die Bienen seit noch gar nicht langer Zeit weit über den Westen verbreitet haben. Die Indier sehen die Bienen für den Vorboten der Weißen an, wie der Büffel für den Vorboten der Rothen gilt, und sie sagen, je weiter die Bienen vorrücken, desto mehr ziehen Indier und Büffel sich zurück. In unserer Vorstellung verknüpft sich immer der summende

Bienenschwarm mit der ländlichen Behausung und dem Blumengarten, und wir denken uns diese fleißigen Thierchen nur an vom Menschen viel betretenen Stellen; man versicherte mich auch, man treffe die wilde Biene nirgends sehr weit von der Gränze. Sie waren die Herolde der Cultur, stets vor ihr her auf ihrer Wanderung von den Ufern des atlantischen Meeres, und manche alte Ansiedler im Westen wollen das Jahr anzugeben wissen, wo die Honigbiene zum erstenmal über den Mississippi ging. Zu ihrer nicht geringen Verwunderung fanden die Indier auf Einmal die faulenden Bäume ihrer Wälder mit süßer Ambrosia gefüllt, und wie man mir erzählte, geht nichts über das Entzücken, womit sie zum erstenmal von dieser ihnen umsonst gebotenen köstlichen Frucht der Wildniß schmausten.

Jetzt schwärmt die Honigbiene zu Myriaden in den herrlichen Büschen und Forsten, welche die Prairien einsäumen und durchschneiden, und das angeschwemmte Land längs der Ströme bedecken. Auf diese schönen Länder paßt, wie mir dünkt, ganz die Beschreibung vom Lande der Verheißung: „ein Land, wo Milch und Honig fleußt;" die reiche Weide der Prairien kann Viehheerden nähren, zahllos wie der Sand am Meere, und ihr Blumenflor wird zu einem wahren Paradiese für die Nektar suchende Biene.

Wir waren noch nicht lange in Lager, da zog ein Trupp aus, einen Honigbaum zu suchen; ich war begierig, diese Jagd mit anzusehen, und folgte daher bereitwillig der Aufforderung, mich anzuschließen. An unserer Spitze befand sich ein alter Bienenjäger, ein langer, magerer Bursche in grober Kleidung, die ihm lose um den Leib hing, mit einem Strohhut, fast wie ein Bienenkorb gestaltet; ein Camerad, in gleich wunderlichem Aufzug und bloßem Kopfe, schritt hinter ihm her, eine lange Büchse auf der Schulter. Ein halb Duzend andere waren theils mit Aexten, theils mit Büchsen bewaffnet; denn keiner entfernt sich weit vom Lager ohne Feuergewehr, um gegen wilde Thiere und wilde Indier gerüstet zu seyn.

Nach einer Weile kamen wir auf eine offene Stelle am Saume des Waldes. Hier machte unser Führer Halt und ging dann langsam auf einen niedrigen Strauch zu, in dessen Gipfel ich ein Stück einer Honigscheibe gewahrte; dieß war der Köder für die wilden Bienen. Mehrere summten darum her und schlüpften in die Zellen. Hatten sie sich mit Honig beladen, so schwangen sie sich in die Luft und schossen in gerader Linie, so schnell fast wie die Kugel aus dem Rohr, dahin. Die Jäger beobachteten genau, welchen Strich sie nahmen und brachen nun in derselben Richtung auf, über verschlungene Wurzeln und gefallene Bäume weg, die Augen beständig gen Himmel gerichtet. So verfolgten sie die mit Honig beladenen Bienen bis zu ihrem Stock im hohlen Stamm einer absterbenden Eiche, wo sie eine Weile umhersummten und dann in ein Loch, etwa sechzig Fuß über dem Boden schlüpften. Zwei der Bienenjäger legten nun kräftig ihre Aerte an den Fuß des Baums, ihn zu fällen. Die bloßen Zuschauer und Liebhaber zogen sich indessen auf gehörige Entfernung zurück, außerhalb des Bereichs des Baums, wenn er fiele, und der Rache seiner Bewohner. Die lauten Schläge der Art schienen die emsige Gemeinde durchaus nicht zu beunruhigen. Fortwährend eilten sie hinaus, ihrem gewohnten Geschäfte nach; die einen kamen mit voller Ladung zum Hafen, andere zogen zu neuen Geschäften aus, gleich Handelsleuten in einer gewerbsamen Stadt, ohne Ahnung des drohenden Bankerotts und Sturzes. Sogar ein lautes Krachen, das verkündete, daß der Stamm geborsten war, vermochte sie nicht zu stören in der emsigen Verfolgung ihres Erwerbs. Endlich stürzte der Baum mit furchtbarem Gepraffel, schlitzte von unten bis oben auf, und all die aufgehäuften Schätze des kleinen Gemeinwesens lagen offen zu Tage. Sogleich lief einer der Jäger mit einem brennenden Heuwisch, als Schutzmittel gegen die Bienen, hinzu; diese griffen aber nicht an und dachten an keine Rache: es war, als ob die Katastrophe sie ganz betäubt hätte und sie die Ursache nicht ahnten; ohne uns im Geringsten zu belästigen, krochen sie summend unter den Trümmern herum. Jetzt griff alles mit Löffeln und Jagdmessern zu und schnitt die Honigwaben aus, mit denen der hohle Stamm gefüllt war. Manche waren alt und dunkelbraun, andere schön weiß und der Honig darin fast ganz flüssig. Die ganzen Scheiben wurden in Feldkessel gelegt, um sie ins Lager zu befördern; die beim Sturz in Stücke gegangen, verzehrte man auf der Stelle. Da hatte jeder Bienenjäger ein prächtiges Stück in der Hand, daß ihm der Honig über die Finger lief, und ward so schnell damit fertig, als der Schulbube am Sonntag mit seiner Rahmtorte.

Und die Bienenjäger waren es nicht allein, die sich den Sturz der fleißigen Gemeinde zu Nutzen machten. Als sollte die Aehnlichkeit ihres Treibens mit dem emsiger, speculativer Menschen ganz durchgeführt werden, sah man eine Menge Bienen aus andern

Stöcken raschen Flugs herbeikommen, um aus dem Unglück ihrer Nachbarn Nutzen zu ziehen. Sie tummelten sich so lustig und emsig, wie Bracker um einen Ostindienfahrer, der an die Küste getrieben worden ist, schlüpften in die Zellen der zerbrochenen Honigscheiben, fielen gierig über die Beute her und flogen dann mit voller Ladung nach Hause. Den armen Eigenthümern der Trümmer aber schien alles verleidet, selbst den Nektar, der ringsum floß, ließen sie unberührt und krochen in dumpfer Verzweiflung hin und her, wie ich einmal einen armen Kerl, betäubt und gedankenlos, die Hände in den Hosentaschen, um die Trümmer seines niedergebrannten Hauses habe herschleudern und dazu pfeifen sehen.

Unbeschreiblich war die Verwirrung der Bienen aus dem bankrotten Stocke, welche zur Zeit der Katastrophe ausgewesen waren und jetzt nach und nach mit voller Ladung heimkamen. Anfangs schwirrten sie an der Stelle, wo der Baum einst seine Krone entfaltet, auf und ab, erstaunt, nichts mehr zu finden. Endlich, als wäre ihnen jetzt ihr Unglück klar, hingen sie sich in Schwärmen an den dürren Ast eines benachbarten Baumes; es war, als betrachteten sie von hier die Trümmer am Boden, und ihr Gesumme klang wie ein Klaglied über den Sturz ihres Gemeinwesens.

Wir brachen auf und ließen eine Menge Honig in der Höhlung des Baums zurück. „Das Geschmeiß wird schon damit fertig werden," sagte einer der Jäger. — „Was für Geschmeiß?" fragte ich." — Nun „Bären, Füchse, Rocoons, Opossums. Kein Thier in der Welt versteht sich besser darauf, einen Honigbaum auszuwittern, als der Bär. Tage lang nagt er am Stamme, bis er ein Loch zu Stande gebracht, daß er mit der Tatze hinein kann, und dann holt er den ganzen Plunder heraus, Honig und Bienen."

Bei unserer Rückkehr fanden wir das Lager aufs ergötzlichste aufgeregt. Einige Jäger schossen nach dem Ziele, andere haschten sich oder rangen miteinander. Es waren meist junge, gesunde, kräftige Leute, die zum erstenmal einen solchen Zug mitmachten, voll Lebenslust; und ich wüßte nichts, was das jugendliche Blut in ersprießlichere Wallung bringen könnte, als solch ein wildes Waldleben, ein Zug durch eine prachtvolle Wildniß, wo es Wildpret und Abenteuer in Menge gibt. Wir senden unsere Jugend außer

Land nach Europa, wo sie weichlich wird und weibisch. Ich sollte meinen, ein Streifzug durch die Prairien wäre das wahre Mittel, ihr zu der Mannhaftigkeit, Einfalt und Unabhängigkeit zu verhelfen, welche in besserem Einklang mit unsern Staatseinrichtungen stehen.

Während die junge Mannschaft sich so lärmend belustigte, saßen oder lagen die ernsten Personen, der Capitän, der Doctor und andere Weise und Propheten des Lagers, im Gras um eine Gränzkarte her und pflogen Rath über unsere jeweilige Lage und den einzuschlagenden Weg. Unser Plan war, über den Arkansas zu setzen, gerade über seinem Zusammenflusse mit dem Red=fork, sodann uns westwärts zu halten, bis wir durch einen breiten Gürtel von Hochwald wären, der Croß=Timber genannt, der so ziemlich von Süd nach Nord zwischen dem Arkansas und Red=River streicht, worauf wir südwärts gegen den letztern Strom einbiegen wollten. Unser Mestize, Beatte, ward als ein erfahrner indischer Jäger in den Rath berufen. „Habt Ihr schon dorthinzu gejagt?" fragte ihn der Capitän. — „Ja," war seine lakonische Antwort. — „So könnt ihr uns vielleicht sagen, wohinzu der Red=fork liegt?" — „Geht man hier fort, so kommt man am Rande der Prairie zu einem kahlen Hügel, mit einem Steinhaufen darauf." — „Den Hügel kenn' ich von der Jagd her," sagte der Capitän. — „Wohl; diese Steine haben die Osagen als Landmarke aufgerichtet; von dort sieht man den Red=fork." — „Gut, rief der Capitän, so kommen wir morgen an den Red=fork, gehen oberhalb desselben über den Arkansas ins Land der Pawnees hinüber, und in zwei Tagen nagen wir Büffelknochen."

Bei dem Gedanken, das abenteuerliche Jagdgebiet der Pawnees zu betreten und Büffeln auf die Fährte zu kommen, funkelte jedes Auge. Der laute Knall einer Büchse nicht weit vom Lager unterbrach unser Gespräch. „Das ist des alten Ryans Büchse!" rief der Capitän; „was gilt's? der hat einen Bock!" Und er irrte sich nicht; denn nicht lange, so erschien der Alte und rief einen jungen Jäger, daß er ihm das Wildpret ins Lager schaffen helfe. Die Gegend war wirklich überaus reich an Wild; somit hatte man Proviant vollauf im Lager, und da nicht weniger als zwanzig Honigbäume gefällt worden waren, so schwamm alles in Ueberfluß. Sorglos verschwenderisch, wie Jäger sind, schmaus'te man an Einem fort; und nicht leicht dachte einer daran, Mundvorrath für den folgenden

Tag zurückzulegen. Gekocht wurde auf Waidmanns Manier: das Fleisch ward an kleine Spieße von Kornelkirschenholz gesteckt und am Feuer geröstet, wobei es all seinen Saft behielt und den Gaumen des ausgeterntesten Feinschmeckers gekitzelt haben müßte. Nicht so einladend war unser Brod: es war nicht viel mehr als ein Teig aus Wasser und Mehl, der in Fett gebacken wurde; manche gingen bei der Bereitung noch roher zu Werk, klebten den Teig an Stöcke und rösteten ihn am Feuer. Beiderlei Sorten fand ich indessen in der Prairie ausnehmend wohlschmeckend; den wahren Genuß beim Essen kennt Keiner, der nicht Waidmanns Appetit hat.

Vor Sonnenuntergang rief uns der kleine Toni zu einem leckern Mahle. Vor den Feuern waren Decken auf dem Boden ausgebreitet, auf denen wir uns sofort niederließen. Eine mächtige Schüssel aus Ahornwurzel, die wir im indischen Dorfe gekauft, ward vor uns aufgestellt, und der Inhalt eines Feldkessels, bestehend aus einem Ragout von wildem Truthahn mit Speck und Klösen von Brodteig, darin angerichtet. Daneben ward eine andere Schüssel von ähnlichem Stoffe mit einer tüchtigen Ladung gerösteten Brodes aufgepflanzt. Nachdem wir mit dem Ragout fertig waren, wurden die Rippen eines fetten Rehbocks, die an zwei hölzernen Spießen am Feuer brieten, vom kleinen Toni mit triumphirendem Blicke vor uns in den Boden gesteckt. Da wir keine Teller hatten, so ward auf Waidmanns Art zugelangt, das heißt Streifen mit den Jagdmessern abgeschnitten und in Pfeffer und Salz getaucht. Toni's Kocherei und der herrlichen Würze der Prairie muß ich zum Ruhme nachsagen, nie habe ich köstlicheres Wildpret gegessen. Unser Getränk dazu war Kaffee, den wir im Feldkessel kochten, mit braunem Zucker versüßten und aus zinnernen Bechern tranken. In dieser Manier ward auf dem ganzen Zuge geschmaus't, wenn Proviant genug vorhanden war, und so lange Mehl, Zucker und Kaffee vorhielten.

Als das Zwielicht der Nacht Platz machte, wurden die Posten rings um das Lager ausgestellt, eine durchaus nothwendige Vorsicht in einem Landstriche, wo Indier hausen. Das Lager bot nun einen äußerst malerischen Anblick. Hier und dort flackerten und schimmerten die Wachfeuer durch das Dickicht, mannichfache Gruppen von Jägern darum her: manche saßen oder lagen am Boden, andere standen im rothen Scheine der Flammen, oder ihre Gestalten hoben sich dunkel davon ab. An manchen Feuern ging es sehr laut und lustig zu, schallendes Gelächter, vernehmliche, eben nicht feine Späße und unbändiges Geschrei; denn das Corps war sichtbar eine rohe, undisciplinirte Bande, unter den wilden Burschen auf der Gränze ausgehoben, die sich zum Theil aus Lust am herumziehenden, abenteuerlichen Leben, zum Theil in der Absicht, das Land kennen zu lernen, hatten anwerben lassen. Viele waren Nachbarskinder ihrer Officiere, und gewohnt, sie als Ihresgleichen, als Cameraden zu betrachten. Von der Zucht und dem Anstande, wie sie in einem Lager herrschen sollen, hatte Keiner einen Begriff. Keiner suchte eine Ehre darin, sich durch gute Haltung in einem Dienst auszuzeichnen, in dem er nicht zu verharren gedachte.

Während am einen Feuer solch lärmende Fröhlichkeit herrschte, ließ sich auf Einmal an einem andern eine näselnde Melodie hören, welche ein Chor von „Vocalisten" in höchst trübseligem Psalmton anstimmte. Den Vorsinger machte ein Lieutenant, ein langer, magerer Mann, der, wie wir hörten, in einem Dorf auf der Gränze als Schulmeister, Singlehrer, gelegentlich auch als methodistischer Prediger functionirt hatte. Feierlich, melancholisch tönte der Gesang durch die Nachtluft und brachte mir die Beschreibungen ähnlicher Gesänge in den Lagern der Covenanter ins Gedächtniß, und wirklich, das seltsame Gemengsel von Gesichtern, Figuren und wunderlichen Kleidungen in unserer Truppe müßte den Fahnen Preise-Gott Barebone's keine Schande gemacht haben. In einer Pause des genäselten Psalms erhob eine dilettantische Eule gleichsam wetteifernd ihr schreckliches Geheul. Sogleich erscholl das ganze Lager von dem Geschrei: „Charley's Eule! Charley's Eule!" Es kam heraus, der unheimliche Vogel habe allnächtlich das Lager heimgesucht, und eine Schildwache, ein einfältiger Bursche, Namens Charley, darauf Feuer gegeben; zur Rede gestellt, warum er auf dem Posten geschossen, war seine Ausrede gewesen, er habe gehört, Eulen geben delicate Suppen. Einer der Jäger machte das Geschrei des Vogels der Weisheit nach, und dieser war, im Widerspruche mit seinem Prädicate, einfältig genug, herbeizufliegen und sich auf dem dürren Ast eines von unserm Feuer beleuchteten Baumes niederzulassen. Sogleich griff der junge Graf zu seiner Vogelflinte, zielte, und im Moment flatterte

flatterte der arme, Unglück weissagende Vogel zur Erde. Charley ward jetzt aufgefordert, sich seine Eulensuppe anzurichten und zu verzehren; er wollte aber nicht, weil er den Vogel nicht geschossen.

Im Laufe des Abends machte ich einen Besuch bei des Capitäns Feuer. Es bestand aus mächtigen Baumstämmen, groß genug, einen ganzen Büffel zu braten. Hier waren mehrere der vornehmsten Jäger und Offiziere des Lagers; man stand, saß, lag auf Häuten oder Deken ums Feuer und erzählte alte Gränzhistorien von Jagd und Indianerkrieg.

Tiefer in der Nacht gewahrten wir über den Bäumen gegen Abend einen rothen Schein am Himmel. „Da müssen die Osagen eine Prairie angesteckt haben," sagte der Capitán. — „Das ist am Red-fork, sprach Beatte, den Himmel betrachtend; man meint, es sey nur drei Meilen weit, ist ihrer wohl zwanzig." —

Nach eilf Uhr rückte ein freundlicher blasser Schimmer, der Vorläufer des aufziehenden Mondes, immer weiter am östlichen Himmel herauf. Ich verließ jetzt des Capitäns Quartier und rüstete mich zur Nachtruhe. Ich hatte beschlossen, das Zelt aufzugeben und hinfort gleich den Jägern zu bivouakiren. Eine Bärenhaut unter einem Baum war mein Lager, und ein paar Satteltaschen mein Kissen. Ich hüllte mich in meine Deken, streckte mich nieder auf dieses Waidmannslager und fiel bald in süßen, gesunden Schlaf, aus dem mich erst bei Tages Anbruch das Jagdhorn weckte.

———

14 October. Auf das Signal mit dem Horn rückten Schildwachen und Patrouillen von ihren Posten ringsum das Lager ein und wurden entlassen. Die Jäger wurden munter, und nicht lange, so herrschte das rührigste Leben. Während die Einen Holz hieben, Feuer machten und das Frühmahl bereiteten, klopften Andere die schmuzigen Decken aus, unter denen sie geschlafen, und rüsteten alles zum Abmarsch; noch Andere brachen durchs Dickicht, fingen die Pferde ein und führten oder trieben sie ins Lager. Während dieses Durcheinanders erscholl der Wald von Geschrei, Jubel und lautem Gelächter. Als alles gefrühstückt hatte, sämmtliches Geräthe und Lagerzeug zusammengemacht und auf die Packpferde geladen war, gab das Horn das Zeichen zum Satteln und Aufsitzen. Um acht Uhr setzte sich der ganze Trupp in einer langgestreckten Linie

in Bewegung, unter Geschrei und Halloh und manchem Fluch auf die langsamen Packpferde, und über ein Kleines war der Wald, den ein paar Tage lang so ungewohnter Lärm erfüllt, seiner alten Stille und Einsamkeit wiedergegeben.

Es war ein herrlicher, sonnenheller Morgen, jene köstliche durchsichtige Luft, in der sich das Herz ordentlich in Wonne badet. Unser Weg lief dem Arkansas entlang durch eine üppige, wechselnde Landschaft. Bald ging es mühsam über aufgeschwemmten Boden, mit wucherndem Pflanzenwuchse bedeckt, wo sich die wilden Reben um die riesigen Bäume schlangen und wie Tackelwerk von den Aesten niederhingen; bald an langsamen Bächen hin, deren schwacher Wasserfaden kaum eine Reihe glatter Tümpel verband, welche gleich Spiegeln, in den ernsten Rahmen des Waldes gefaßt, dalagen und sein herbstliches Laub und Stücke des blauen Himmels abmalten; bald zerrissene, felsige Hügel hinan, von deren Höhen wir weiter Aussichten genossen, hier über ferne Prairien, von Gebüsch und Wäldern durchschnitten, dort über einen Strich blauer, dunkelnder Höhen, jenseits der Wasser des Arkansas.

Unser ganzer Aufzug paßte vollkommen zu der Landschaft: die Marschlinie über eine halbe Meile lang durch Holz und Gebüsch, durch die Defileen der Hügel auf und ab hingestreckt; die Leute in buntscheckiger, seltsamer Tracht, lange Büchsen über der Schulter und auf Rossen von allen möglichen Farben. Jeden Augenblick wollten die Packpferde aus der Reihe brechen, um rechts und links das Gras abzuweiden, und wurden von Toni und seinen farbigen Cameraden unter vollen Ladungen kauderwälscher Flüche wieder zurechtgeprügelt. Hie und da erscholl an der Spitze der Colonne das Jagdhorn, und hallte durch Wälder und Schluchten, Nachzügler zurückzurufen und die Marschlinie anzudeuten. Die ganze Scene erinnerte mich lebhaft an die Beschreibungen von den Raubzügen der Buccaniers in den Wildnissen von Südamerica gegen die Niederlassungen der Spanier.

Einmal kamen wir durch einen herrlichen, von Dickicht umgebenen Wiesgrund, wo das hohe Gras an vielen Stellen niedergedrückt war, lauter Wildlager, wo das Wild die vergangene Nacht zugebracht. Auch bemerkte man an manchen Eichen Spuren, daß Bären hinaufgeklettert, um Eicheln zu fressen; man sah deutlich die Ritzen von ihren Krallen in der Rinde. Als wir auf eine lichte Stelle dieser beschatteten Wiese herauskamen, sahen wir mehrere Rehe aufgescheucht davon rennen; aber in einiger Entfernung machten sie Halt, und sahen sich, neugierig wie das Thier ist, nach den seltsamen Gästen in ihrer Wildniß um. Alsbald ließen die jungen Jäger da und dort ihre Büchsen krachen; sie waren aber zu hitzig, um sicher zu zielen, und ungetroffen verschwanden die Rehe im tiefen Wald.

Im Lauf unseres heutigen Marsches kamen wir an den Arkansas, aber noch unter dem Red-fork, und da der Fluß starke Krümmungen machte, verließen wir ihn wieder, und zogen durch die Wälder bis gegen drei Uhr, wo wir in einem lieblichen Grunde, unter Gruppen hochstämmiger Eichen, neben einem hübschen, fließenden Wasser lagerten. Die Pferde wurden nun gespannt, das heißt, ihnen die Vorderfüße mit Stricken oder Riemen lose gebunden, daß sie sich nicht frei bewegen und vom Lager entfernen konnten, worauf man sie grasen ließ. Ein Haufen Jäger, die besten Schützen, zerstreute sich nun nach allen Seiten nach Wildpret. Kein Geschrei, kein Gelächter im Lager, wie am Morgen; alles war entweder an den Feuern mit dem Abendmahle beschäftigt, oder ruhte im Gras aus. Nicht lange, so hörte man da und dort Schüsse fallen, und bald kam ein Jäger mit einem hübschen Rehbock quer über dem Pferd ins Lager geritten. Ein paar ganz junge Bursche kamen zu Fuß, einer davon ein Reh auf den Schultern. Man sah, er war ganz stolz auf seine Beute, es mochte eine seiner ersten Heldenthaten seyn; aber er und sein Cameräd wurden von den andern, als junge Anfänger, die in Compagnie jagten, tüchtig durchgezogen.

Eben als die Nacht anbrach, entstand gewaltiger Jubel am einen Ende des Lagers, und alsbald erschien ein Trupp junger Bursche, die einen Cameraden auf den Schultern trugen, und mit ihm im Triumph an den Feuern umherzogen. Er hatte ein Elenthier geschossen, das erste in seinem Leben, und gleichfalls das erste, dessen man bisher habhaft geworden. Der junge Jäger war für den Abend der Held des Lagers und der Festgeber dazu, denn bald wurden an allen Feuern Stücke von seinem Elen gebraten.

Die andern Jäger kamen mit leeren Händen. Der Capitän hatte die Spur eines Büffels gesehen, der erst vor wenigen Tagen

3 *

hier gewesen seyn mußte, und eine Weile die Fährte eines Bären verfolgt, bis die Spur verschwand. Er hatte auch ein Elen am Ufer des Arkansas gesehen; ehe er sich aber durchs Gebüsch schleichen konnte, um zum Schuß zu kommen, war es wieder im Wald. Unser eigener Jäger, Beatte, kam still und verdrießlich von einer unglücklichen Jagd heim. Bis jetzt hatte er uns überhaupt nichts gebracht, und wir waren von des Capitäns Quartier mit Wildpret versorgt worden. Beatte fühlte sich sichtbar gedemüthigt, denn er sah auf die Milizen, als auf rohe, unerfahrene, im edlen Waidwerk schlecht bewanderte Jäger verächtlich herab; sie ihrerseits sahen Beatte, seiner fatalen Herkunft wegen, auch nicht mit freundlichem Auge an, und nannten ihn nicht anders als „den Indier."

Auch unser kleiner Franzmann Toni war durch sein ewiges Plappern, Prahlen und Aufschneiden in seinem Kauderwälsch für die Spaßvögel in der Truppe zur Zielscheibe ihrer eben nicht feinen Witze geworden; aber der kleine Kerl war so fest verschanzt hinter Eitelkeit und Eigenliebe, daß ihm kein Spott etwas anhaben konnte. Ich gestehe indessen, es war mir etwas ärgerlich, daß unsere Dienerschaft unter diesen Gränzburschen eine so traurige Figur machte. Ja sogar unsere Equipage litt unter dieser Impopularität, und ich hörte manches geringschätzige Wort über die Doppelflinten, welche wir für kleineres Wildpret führten; die Bursche im Westen verachten die „Schrotbüchsen", wie sie sie nennen, von ganzem Herzen, denn Rebhühner, Birkhühner, sogar wilde Truthühner sind ihnen zu gering, um sich ernstlich damit abzugeben, und die Büchse dünkt ihnen das einzige, des Jägersmanns würdige Gewehr.

Am andern Morgen erwachte ich vor Tagesanbruch am kläglichen Geheul eines Wolfs, der, angelockt vom Geruche des Wildprets, um das Lager herstrich. Kaum zeigte sich der erste graue Lichtstreif am Morgenhimmel, so fing ein junger Bursche in einem der entlegenen Quartiere an, wie der Hahn zu krähen, so kräftig und klar, so schön ausgehalten, daß es dem ältesten Meister des Hühnerhofes Ehre gemacht hätte. Alsbald ließ sich an einem andern Fleck, wie wetteifernd, ein zweiter hören, und jetzt wurde es laut von Quartier zu Quartier: Hennen gackerten, Enten schnatterten, Truthühner glucks'ten, Schweine grunzten, und es ward uns nicht anders, als wären wir mitten in einen Bauernhof versetzt, und alle seine Bewohner stimmten ihr vielstimmiges Concert an.

Nach kurzem Morgenritte kamen wir auf eine stark betretene Spur von Indiern; wie verfolgten sie und erstiegen einen Hügel, von dessen Gipfel wir eine weite Aussicht über eine Landschaft hatten, von felsigen Höhen und wellenförmigen Bergzügen durchschnitten, bedeckt mit Gebüsch und Baumgruppen von mancherlei Colorit und Laub. In der Ferne, gegen West, sahen wir zu unserer großen Freude den Red=fork seine röthlichen Gewässer mit dem Arkansas mischen, und sahen, daß wir uns bereits über dem Zusammenflusse befanden. Jetzt ging es hinab, und mit großer Beschwerde durch die Niederungen am Arkansas. Hier waren die Bäume mit riesigen, wilden Reben bestrickt, die sich wie Tackelwerk von Stamm zu Stamm, von Ast zu Ast herüber und hinüber zogen. Auch das Unterholz war dick und verworren, und der wilde Hopfen, gerade zur Ernte reif, wuchs hier in solcher Menge, daß sich unsere Pferde nur mit Mühe Bahn brachen. Vieler Orten bemerkte man Fährten von Wild, und mancher Baum zeigte Spuren von Bärenklauen. Jedermann war auf der Hut, in der Erwartung, es werde ein Wild aufgehen; da erscholl plötzlich auf einem entfernten Punkte der Linie lautes Geschrei: „ein Bär! ein Bär!" Wir sprengten alle vorwärts, an der Jagd Theil zu nehmen; da hatte ich den unaussprechlichen, freilich spaßhaften Aerger, zu entdecken, daß es weiter nichts war, als daß sich unsere beiden Ehrenmänner, Beatte und Toni, elendiglich an einem Stinkthier vergriffen. Das Thier hatte sich unter einen umgestürzten Baumstamm geflüchtet, und vertheidigte sich von hier aus in seiner eigenthümlichen Weise so kräftig, daß in Kurzem der Duft den ganzen Wald erfüllte.

Von allen Seiten regneten nun Witze und Spöttereien auf den indischen Jäger, und man rieth ihm, den Scalp des Stinkthiers als seine einzige Trophäe zu tragen. Als man aber sah, daß er und Toni es sich durchaus nicht nehmen ließen, das Thier selbst als einen besondern Leckerbissen haben zu wollen, ward von allen Seiten der Ekel laut, und man sah sie fast wie Kannibalen an.

Aergerlich, daß unsere zwei Jäger auf so schmähliche Weise ihr Probestück abgelegt, bestand ich darauf, sie sollten ihre Beute fahren laſſen, und ihres Wegs gehen. Beatte gehorchte mit verdrießlichem, finſterem Geſicht, und zog brummend hinterher. Toni aber entſchädigte ſich in ſeiner gewohnten, redneriſchen Weiſe durch eine lärmende Lobrede auf ein gebratenes Stinkthier; er betheuerte, es gelte bei allen ausgelernten, indiſchen Leckermäulern für das Allerdelicateſte. Nur durch wiederholten, gemeſſenen Befehl konnte ich endlich dem Geſchwätz ein Ende machen. Aber franzöſiſche Lebendigkeit macht ſich, wenn man ihr einen Weg verſchließt, auf einem andern Luft, und ſo ließ denn Toni ſeinen Aerger durch Ladungen von Flüchen und Prügeln an den Packpferden aus. Meine Oppoſition gegen den Geſchmack der Burſche ſollte mich aber am Ende erſt nichts helfen; denn nach einer Weile ritt Beatte, der zurückgeblieben war, wieder vor an die Spitze des Zugs, wo er als Führer diente, und zu meinem Verdruſſe ſah ich ſein erlegtes Wild, das, abgezogen, einem fetten Spanferkel gleichſah, hinter ſeinem Sattel baumeln. Ich ſchwor aber bei mir einen theuern Eid, unſer Feuer ſolle durch die Zurichtung des Stinkthiers nicht verunehrt werden.

Wir waren jetzt am Fluß etwa eine Viertelmeile über dem Zuſammenfluſſe mit dem Red-Fork; aber die Ufer waren ſteil und loſe, und der Strom tief und ſchnell. An dieſer Stelle konnten wir daher unmöglich übergehen; wir ſetzten daher unſern mühſamen Marſch durch den Wald fort und ſchickten Beatte voraus, eine Furth auszukundſchaften. Nach einer Meile Wegs kam er zurück; er hatte ganz in der Nähe eine Stelle ausfindig gemacht, wo der größte Theil des Fluſſes auf Sandbänken zu durchwaten war und die Pferde über den Reſt leicht ſchwimmen konnten. Hier ward alſo Halt gemacht. Ein Theil der Jäger griff rüſtig zur Art und fällte Bäume am Flußufer, zu Flößen, um das Gepäck und Lagergeräthe hinüberzuſchaffen; andere ſtreiften weiter am Fluſſe hinauf, in der Hoffnung, eine beſſere Furth zu entdecken, weil ſie ihre Pferde in dem tiefen Strombette nicht aufs Spiel ſetzen mochten.

Jetzt fanden unſere Ehrenmänner, Beatte und Toni, eine Gelegenheit, eine Probe ihrer indiſchen Künſte abzulegen. Im Oſagedorfe, durch das wir vor ein paar Tagen gekommen, hatten ſie ſich eine trockene Büffelhaut verſchafft. Dieſe ward nun hervor=

geholt; man zog Stricke durch kleine, ringsum am Rand angebrachte Schnürlöcher und zog sie zusammen, bis sie eine Art tiefer Mulde bildete; mittelst innen gespreizter Hölzer ward sie ausgespannt und unser Feldgeräthe und ein Theil unseres Gepäcks hineingelegt, worauf man die seltsame Barke ans Ufer und in den Strom schaffte. Vorn wurde ein Strick befestigt, diesen nahm Beatte zwischen die Zähne, ging ins Wasser und schleppte nun watend die Barke hinter sich her, während Toni hinter ihm sie fest hielt und vorwärts trieb. Einen Theil des Wegs fanden sie Grund und konnten waten, über die Hauptströmung aber mußten sie schwimmen. Den ganzen Weg schrieen und jodelten sie in indischer Manier, bis sie glücklich am jenseitigen Ufer landeten.

Diese indische Transportweise gefiel uns, dem Commissair und mir, so wohl, daß wir beschlossen, uns selbst der Büffelhaut anzuvertrauen. Unsere Reisegefährten, der Graf und sein Mentor, waren mit den Pferden am Ufer hinaufgegangen, um eine Furth zu suchen, welche ein paar Jäger anderthalb Meilen weit entdeckt hatten. Während wir der Rückkehr unseres Fährmanns harrten, sah ich mich zufällig unter einem Haufen Gepäck unter einem Busch um, und fand hier das Stinkthier, sorglich beigepackt und fix und fertig, um es Abends am Feuer zu braten. Ich konnte der Versuchung nicht widerstehen, es in den Fluß zu schleudern, wo es wie ein Bleiklumpen untersank, und so war doch unser Quartier vom Gestank erlös't, womit es der köstliche Braten bedroht hatte.

Als unsere Leute mit ihrer Eierschale von Barke wieder herüber waren, ward sie an das Ufer gezogen, halb mit Sätteln, Satteltaschen und anderem Gepäck, zusammen mindestens hundert Pfund schwer, gefüllt, wieder ins Wasser gelassen, und ich nun aufgefordert, Platz zu nehmen. Das Ding kam mir nicht viel besser vor als die Schifferei des weisen Mannes bei Jotham, der in einem Napf in die See ging; ich stieg indessen, ohne mich lange zu besinnen, ein, freilich mit aller Vorsicht, und setzte mich oben auf das Gepäcke, wobei die Haut bis eine Handbreit über dem Wasserspiegel einsank. Büchsen, Vogelflinten und andere Kleinigkeiten wurden nun noch hereingegeben, bis ich gegen alle weitere Fracht protestirte; und nun ging es in den Strom hinein, wobei die Barke wiederum beschriebenermaaßen gezogen und geschoben wurde. Es war mir halb ernst, halb spaßhaft zu Muthe, als ich so in einer Büffelhaut schwamm, auf einem wilden Strome in der Wildniß, bugsirt von einem Halbwilden, der schrie und lärmte, wie der leibhaftige Teufel. Dem eitlen, kleinen Toni zu Gefallen schoß ich, als wir in der Mitte des Stroms waren, rechts und links mein Doppelgewehr ab; die Schüsse hallten an den waldigen Ufern hin und wurden von einigen Jägern erwiedert, zum innigen Ergötzen des kleinen Franzmanns, der die ganze Ehre dieser indischen Schifferei sich allein zuschrieb.

Meine Ueberfahrt lief glücklich ab, ebenso die des Kommissairs, und unsere sämmtliche Effecten wurden auf gleiche Weise herübergeschafft. Jetzt mußte man den kleinen Toni sehen, wie er schwadronirend am Ufer hin stolzirte und sich unendlich viel damit wußte, wie viel gewandter und gescheidter er sey als die Jäger. Beatte dagegen behielt seine stolze, grämliche, nie lächelnde Miene; er meinte nur: „Jetzt sehen sie doch, daß der Indier zu was zu brauchen ist."

Auf dem breiten Sandufer, wo wir gelandet, kreuzten sich unzählige Spuren von Elenthieren, Hirschen, Bären, Rocoons, Truthühnern und Wasservögeln. Die Aussicht den Fluß auf und ab, war von unserm Standpunkt aus sehr angenehm und mannichfaltig: lange, glänzende Wasserspiegel, mit Weiden- und Baumwollenbäumen eingefaßt, üppige Gründe mit Hochwald, wo ungeheure Ahornbäume alles überragten, der Hintergrund von hohen Vorgebirgen geschlossen. Das Laub war herbstlich gelb, und die sonnenhelle Landschaft erhielt dadurch den Goldton, wie ihn Claude Lorrains Landschaften haben. Belebt wurde die Scene durch ein Floß aus Stämmen und Aesten, auf dem der Capitän und der Vornehmste nach ihm, der Doctor, ihr Gepäcke über den Strom schafften, und durch einen langen Zug von Jägern zu Pferd, die etwa anderthalb Meilen weiter oben auf einer Reihe von Sandbänken schief über den Fluß setzten.

Mit dem Capitän und einigen Jägern marschirten wir etwa eine halbe Meile weit durch den Wald und kamen dann in eine wilde Felsenschlucht, von zwei hohen Kalksteinwänden begränzt, die sich, je weiter wir kamen, immer mehr näherten und endlich fast unter

einem Winkel zusammenliefen. Hier entsprang eine liebliche Quelle
dem Gestein und bildete ein klares Bächlein, das durch die ganze
Schlucht lief und ihren Rosenteppich wässerte. In diesem Felsen-
winkel lagerten wir uns unter hohen Bäumen. Nach und nach
stießen die Jäger zu uns, einzeln oder haufenweise, die einen zu
Pferd, die andern zu Fuß, die schwer beladenen Pferde vor sich
her treibend; manche triefend, weil sie in den Fluß gefallen; die
Länge der Furth, die Tiefe und Schnelligkeit des Stroms hatten
ihnen viel zu schaffen gemacht. Sie sahen aus wie Banditen, die
mit ihrem Raub heimkommen, und die wilde Schlucht paßte vollkommen dazu. Noch frappanter ward der Effect in der Nacht,
als der Schein der Feuer Gruppen von Leuten beleuchtete, die zer-
lumptem Gesindel gleichsahen, Pferde, Gepäck, unordentlich her-
umgeworfen, Büchsen, an die Bäume gelehnt, Sättel, Zäume,
Pulverhörner, an den Stämmen aufgehangen.

Der junge Graf und sein Begleiter, nebst ihrem Mestizen An-
toine, rückten ins Lager ein; sie hatten glücklich den Fluß passirt.
Aber zu meinem großen Verdruß hörte ich, meine beiden Pferde
würden vermißt. Ich hatte geglaubt, Antoine habe sie unter seiner
Obhut; der aber hatte, sorglos, wie diese Menschen sind, nicht
Achtung auf sie gegeben, und sie waren wahrscheinlich am jenseitigen
Ufer aus der Linie gebrochen. Es ward ausgemacht, Beatte und
Antoine sollten morgen in aller Frühe wieder über den Fluß und
sie aufsuchen. Ein fetter Bock und eine Anzahl wilder Truthühner
waren eingebracht worden, und so konnten wir uns, nebst unserm
Kaffee, ein ganz ordentliches Nachtmahl anrichten, worauf ich mich
in des Capitäns Quartier begab, das eine Art Rathsfeuer und
Schwatzwinkel für die Veteranen des Lagers war.

Während wir so zusammen sprachen, bemerkten wir, wie in
frühern Nächten, über den Felswänden einen dunkelrothen Schein
gegen Abend; man schrieb ihn wieder angesteckten Prairien zu, und
meinte, der Brand sey an der Westseite des Arkansas; war dem so,
so mußte er von Pawnees herrühren, da sich die Osagejäger nur
selten in diesen Strich wagen; unsere Mestizen aber thaten den
Ausspruch, es seyen Feuer der Osagen und zwar drüben über dem
Arkansas. So kam das Gespräch auf die Pawnees, deren Jagdgebiet wir nun betraten. Immer und überall gibt es einen wilden unbän-
digen Stamm von Eingebornen, der der Schrecken der Gränze ist und

von dem man sich gräßliche Geschichten aller Art erzählt. Diese Rolle spielen gegenwärtig die Pawnees, welche auf dem Landstriche zwischen dem Arkansas und dem Red=River, und auf den Prairien von Texas streifen. Man beschreibt sie als treffliche Reiter, stets im Sattel, auf kräftigen, flüchtigen Rossen vom wilden Prairieschlag. So schweifen sie über die weiten Ebenen am Arkansas und dem Red=River, durch Texas bis zu den Rocky=Mountains, bald auf der Hirsch= und Büffeljagd, bald auf Kriegs= und Raubzügen. Manche haben gar keine festen Wohnsitze, sondern leben unter Zelten aus Thierhäuten, die sie leicht mit sich führen, und so sind sie heute hier und morgen auf und davon, niemand weiß wohin. Ein alter Jäger erzählte uns mancherlei von ihrer Art zu fechten. Wehe dem Trupp müder Handelsleute oder Jäger, dessen sie auf einer Prairie ansichtig werden! Zuweilen schleichen sie sich listig herbei, und zwar so, daß sie sich mit einem Bein an den Sattel hängen, und den Körper hinter dem Pferd verstecken, so daß der Trupp in der Ferne aussieht wie ein Rudel wilder Pferde. Haben sie auf diese Weise dem Feind gehörig Terrain abgewonnen, so richten sie sich mit einem= mal im Sattel auf und stürzen einher wie der Sturmwind, wobei sie Alle Federn schwingen, mit den Mänteln flattern, die Waffen schwenken und ein gräßliches Geschrei erheben. Alles, um die Pferde scheu zu machen und sie zum Ausreißen zu bringen, wo sie ihnen dann nachjagen und sie im Triumph davon führen.

Die beste Vertheidigungsweise besteht nach dem alten Jäger darin, daß man sich in einem Holz oder Dickicht zu decken sucht; oder, falls keines in der Nähe ist, absitzt, die Pferde an den Köpfen fest in einen Kreis zusammenbindet, damit sie nicht aus= reißen können, und sich selbst in eine Schlucht wirft oder ein Loch in den Sand gräbt, um sich gegen die Geschosse der Pawnees zu decken. Die Hauptwaffen derselben sind Pfeile und Bogen; sie sind äußerst gewandte Schützen, umschwärmen den Feind und schießen ihre Pfeile im vollen Lauf ab. Sie sind hauptsächlich auf den Prairien furchtbar, wo ihre Rosse freien Spielraum haben und man sich vor ihren Pfeilen nicht im Gehölz decken kann. Selten verfolgen sie einen fliehenden Feind in den Wald.

Mancherlei Geschichten wurden erzählt, wie heimlich und vorsichtig sie einem feindlichen Lager nachgehen und es umschlei= chen, bis sich gute Gelegenheit zum Raub oder Angriff darbietet.

"Wir müssen nun nachgerade scharf auf der Hut seyn," sagte der Capitän. "Ich muß schriftliche Ordre erlassen, daß hinfort kein Mann ohne Erlaubniß jagt oder ein Gewehr abfeuert; wer dawider handelt, muß auf dem hölzernen Pferde mit scharfem Rücken reiten. Ich habe da einen wilden Haufen junger Bursche, die vom Gränzdienst verdammt wenig wissen. Es wird schwer halten, sie zur Vorsicht zu gewöhnen. Wir sind jetzt im Gebiet eines schleichenden, wachsamen, verschlagenen Volks, das, wenn wir es uns am wenigsten versehen, uns umzingelt hat, alle unsere Bewegungen belauert, und Jeden, der sich verläuft, abfängt." — "Wie wollt Ihr aber," fragte einer der Jäger, "Euren Leuten das Schießen verbieten, wenn sie ums Lager herumstreichen und ein Wild sehen?" "Sie dürfen ihre Gewehre nicht mit sich nehmen, wenn sie nicht auf dem Posten sind oder Erlaubniß haben." — "O Capitän!" rief der Jäger, "das hilft bei mir nichts! Wo ich hingehe, geht meine Büchse mit, und ich will sie nimmermehr dahinten lassen; 's ist, als wäre sie ein Stück von mir selber. Keiner hält sie so wie ich, und nichts in der Welt thut so viel für mich als meine Büchse." — "Das alles ist schon wahr," sagte der Capitän in ächt waidmännischem Gefühl; "meine Büchse ist so lang und so nah um mich gewesen als mein Weib, und stets war sie mir ein treuer Freund." — "Ich habe, sprach der Doctor," einen Nachbar, der sagt: ich wollte Euch eben so gern mein Weib leihen als meine Büchse."

Jetzt kam die Meldung, vier Jäger nebst dem alten Ryan würden vermißt. Sie hatten sich drüben über dem Fluß beim Aufsuchen einer Furth vom Hauptcorps entfernt und sich verlaufen, niemand wußte wohin. Mancherlei Vermuthungen wurden laut, und hin und wieder auch Besorgnisse ihrethalben geäußert. "Ich würde Leute nach ihnen ausschicken," sagte der Capitän, "aber der alte Ryan ist bei ihnen, und der weiß sich schon zu helfen, und ihnen auch. Wäre er nicht, so möchte es den andern nicht gut gehen; er aber ist in den Wäldern und auf der Prairie zu Hause wie in seinem Hof. Es sind ihrer so Viele, daß sie einander gut beistehen können; viere wachen, einer besorgt das Feuer." — "Es ist halt doch schlimm," äußerte ein junger Jäger, "wenn man sich bei Nacht im wilden fremden Lande verirrt." — "Hat man," sagte ein älterer, "nur noch einen oder zwei bei sich, har's nichts zu sagen. Mir für meinen Theil wäre in dieser Schlucht so wohl als zu Hause, hätt' ich nur einen Cameraden, der abwechselnd mit mir wacht und das Feuer unterhält. Stunden lang könnt' ich hier liegen und den hellen Stern dort betrachten, der ins Lager herabblickt, als wollte er es bewachen." — „Ja, wenn man so allein wacht, hat man an den Sternen Gesellschaft; und wahr ist's, das ist ein gar freundlicher Stern; 's ist der Abendstern, der Planet Venus, heißt man ihn, glaub' ich." — „Ist das der Planet Venus," sagte einer im Rath, ich glaube der Psalmsänger und Schulmeister, „so deutet er uns nichts Gutes; denn ich habe einmal gelesen, die Pawnees beten diesen Stern an und opfern ihm ihre Gefangenen; und so ist mir nicht wohl dabei zu Muth, daß sich der Stern hier zu Land blicken läßt." — „Ja doch," sagte der Sergeant, ein Waidmann von ächter Race, „Stern hin, Stern her! ich habe manche Nacht an wildern Orten, als der hier, allein zugebracht und gut geschlafen, das versichere ich euch. Doch einmal war mir verflucht schlecht zu Muth dabei. In einem Wald am Tombigbeflusse hatte mich die Nacht überfallen; ich schlug Licht, machte Feuer, ließ mein Pferd laufen, und legte mich zum Schlaf nieder. Nicht lange, so hörte ich die Wölfe heulen; mein Pferd kam ganz nahe an mich heran, es suchte Schutz bei mir, denn es hatte grausame Angst. Ich jagte es weg, aber es kam wieder, und immer näher zu mir her, sah mich an und das Feuer, nickte, machte die Augen zu, wackelte mit den Vorderfüßen, denn es war arg müde. Nach einer Weile hörte ich ein wunderliches, garstiges Geschrei; ich dachte erst, es sey eine Eule; es kam wieder, und jetzt merkte ich, es war keine Eule, es mußte ein Panther seyn. Da ward mir doch curios, denn ich hatte nichts, mich zu wehren, als ein Federmesser mit zwei Klingen. Indeß machte ich mich fertig, so gut ich konnte, und rüstete kleine Feuerbränder, um ihn zu pfeffern, wenn er nahe käme. Jetzt war es mir ordentlich ein Trost, daß mein Pferd um mich war; der arme Narr streckte sich bei mir nieder und schlief bald ein, denn er war gar müde. Ich blieb wach, nickte, schlummerte ein, fuhr wieder auf, guckte herum; ich meinte jeden Augenblick, ich müsse die funkelnden Augen des Panthers neben mir sehen; aber es half nichts, ich war zu müde und schlief fest ein. Am Morgen fand ich sechzig Schritte von mir die Spuren eines Panthers; sie waren so groß als meine zwei Fäuste. Man sah, er war hin und hergelaufen, und hatte sich lang besonnen, ob er mich anpacken solle; zum Glück hatte er nicht die Courage!"

— 16 October. — Ich erwachte vor Tages Anbruch. Der Mond schien schwach in die Schlucht durch leichte, treibende Wolken, die Lagerfeuer waren fast ausgebrannt, und die Leute lagen darum her, in Decken gewickelt. Mit dem ersten Tageslichte brach unser Jäger Beatte mit Antoine, dem jungen Mestizen, auf, um über dem Fluß die verlaufenen Pferde zu suchen; mehrere Jäger, welche Büchse und Bagage drüben gelassen, begleiteten sie. Da die Furth tief war und sie bei starker Strömung schief überzusetzen hatten, so mußten sie mit den größten und stärksten Pferden versehen werden. Um acht Uhr war Beatte wieder da: er hatte beide Pferde gefunden, aber Antoine verloren. Der junge einfältige Kerl, sagte er, wisse im Wald gar keinen Bescheid. Er war ihm aus dem Gesicht gekommen und hatte sich verlaufen. Indessen konnte es ihm nicht fehlen, sich an Andere anzuschließen, da sich auch einige Jäger verirrt hatten und der alte Ryan mit den Seinigen auch noch nicht da war.

Wir warteten bis spät am Vormittag, in der Hoffnung, die Verirrten ankommen zu sehen, es zeigte sich aber keiner. Der Capitän bemerkte, die Indier drüben über dem Flusse stehen alle in gutem Vernehmen mit Weißen, so daß man hinsichtlich der Vermißten eben keine ernstliche Besorgniß zu hegen brauche; am meisten sey zu fürchten, daß ihnen in der Nacht von herumziehenden Osagen die Pferde gestohlen werden möchten. Er entschloß sich also, weiter zu marschiren und ein Commando, das sie erwarten sollte, im Lager zurückzulassen.

Ich setzte mich auf einen Felsen, der sich über der Quelle oben in der Schlucht erhob und ergötzte mich an den wechselnden Scenen, die sich vor mir bewegten. Einmal die Rüstungen zum Abmarsch: die Pferde werden aus der Umgebung des Lagers eingebracht, Jäger reiten durch Felsen und Gebüsch, um andere, die sich weiter verlaufen, zu suchen; geschäftig wird das Lagergeräthe gepackt, man ruft laut nach Kesseln und Bratpfannen, die eine Menage von der andern entlehnt, dazwischen tönen Flüche auf stätische Pferde oder solche, die schon bepackt wegliefen, um zu grasen, und unter allen hört man die Stimme unseres kleinen Franzosen Toni heraus.

Das Horn gab das Zeichen zum Aufsitzen und zum Aufbruch. Die Truppe defilirte in unregelmäßiger Linie die Schlucht hinab und durch den offenen Wald, und verschwand allgemach hinter den Bäumen; aber noch lange tönten Geschrei und Horntöne herüber. Das zurückgelassene Commando blieb unter den Bäumen im untern Theile der Schlucht; manche waren zu Pferd, die Büchsen über der Schulter, andere saßen am Feuer oder lagen am Boden, matte, langweilige Gespräche führend, ringsherum ihre ungesattelten Pferde mit schläfrigen, halbgeschlossenen Augen, während einer der Jäger, den Augenblick der Muße benützend, sich vor einem an einen Baumstamm gesteckten Taschenspiegel rasirte.

Endlich erstarben in der Ferne Lärm und Horntöne; Ruhe und Stille lag auf der Schlucht, hin und wieder unterbrochen vom leisen Gemurmel der Leute am Feuer, vom melancholischen Pfeifen eines unter den Bäumen Herumschlendernden, oder vom Rauschen der gelben Blätter, welche der leiseste Luftzug in wogenden Schauern nieder wehte, ein Zeichen, daß die Herrlichkeit des Jahres im Scheiden war.

Nachdem wir den waldigen Strich längs des Flusses im Rücken hatten, ging es die Anhöhen hinauf, in westlicher Richtung, durch einen wellenförmigen, dünn mit Eichen besetzten Landstrich, wo man zuweilen eine weite Aussicht über lange Höhenzüge und Thäler, mit Wald, Gebüsche und Baumgruppen, gewann. Indem wir langsam dahin zogen, sah man an der Spitze der Colonne vier Stücke Rothwild an einem grasigen Abhang, etwa eine halbe Meile entfernt, weiden. Sie mußten noch keine Witterung von uns bekommen haben, denn sie grasten ganz ruhig fort. Ein junger Jäger erhielt vom Capitän die Erlaubniß, sich an sie zu machen, und die Truppe hielt in gestreckter Linie und sah schweigend zu. Er ritt sachte, vorsichtig auf einem Umwege hin, bis er einen Strich Wald zwischen sich und das Wild bekam. Nun stieg er ab, ließ sein Pferd unter den Bäumen, schlich sich um eine Anhöhe und verschwand uns aus den Augen. Wir sahen jetzt scharf auf das Wild hinüber, das, keine Gefahr ahnend, fortweidete. Ein Büchsenschuß fiel, ein hübscher Bock machte einen heftigen Satz und fiel zu Boden; die andern suchten das Weite. Im

Augenblick war unsere ganze Marschlinie im Aufruhr; über Hals und Kopf sprengten die Jungen in der Truppe fort, um den flüchtigen ihre Kugeln nachzujagen, und unter den Vordersten befand sich unser kleiner Franzmann auf seinem Silbergrauen, der, sobald man des Wildes ansichtig geworden, seine Packpferde im Stich gelassen hatte. Es dauerte eine Weile, bis unsere zerstreuten Streitkräfte vom Horn wieder zusammengerufen waren und wir unsern Marsch fortsetzten.

Noch zwei, dreimal im Laufe des Tags hatten wir Aufenthalt durch dergleichen Lärm. Unsere jungen Leute waren voll Feuer und Flamme, da man jetzt in einen unbetretenen, sehr wildreichen Landstrich kam, und zu wenig an Zwang und Mannszucht gewöhnt, als daß sie sich hätten in Ordnung halten lassen. Keiner aber war schwerer zu bändigen als unser Toni. Er hatte einmal eine hohe Meinung von seiner Geschicklichkeit als Jäger und eine unüberwindliche Sucht sich zu zeigen, und so fuhr er, wie ein schlecht dressirter Hund, immer hinaus, so oft ein Wild aufging, und mußte eben so oft zurückgepeitscht werden. Endlich erhielt seine Eitelkeit eine tüchtige Schlappe. Ein fettes Damthier jagte im Angesicht der ganzen Linie vorüber. Toni stieg ab, legte seine Büchse an und kam gut zum Schuß; das Wild lief seiner Wege; er sprang auf sein Pferd, stellte sich auf den Sattel wie ein Tanzmeister, und sah dem Thier nach, als wüßte er gewiß, daß es stürzen müsse. Aber das Thier lief lustig fort, und die ganze Linie brach in lautes Gelächter aus; der kleine Franzose gleitete still in seinen Sattel, begann die ausbrechenden Packpferde zu bearbeiten und auf sie zu fluchen, als ob sie Schuld wären, und auf eine Weile waren wir seines Prahlens und Schwadronirens quitt.

In Verfolgung unseres Marsches kamen wir zu den Ueberbleibseln eines alten indischen Lagers, am Ufer eines hübschen Wassers; ringsumher lagen die bemoosten Gerippe von Wild. Da wir im Gebiete der Pawnees waren, so hielt man es natürlich für ein Lager dieser gefürchteten Räuber. Der Doctor aber, nachdem er Bau und Stellung der Hütten betrachtet, erklärte es für eine Lagerstätte kühner Delawaren, welche ohne Zweifel einen kurzen, raschen Ausflug auf dieses gefahrvolle Jagdgebiet gewagt.

Eine kleine Strecke weiter bemerkten wir ein paar Figuren zu Pferd, die sich langsam in gleicher Richtung wie wir längs des

Grats einer kahlen Anhöhe, etwa zwei Meilen weit weg, bewegten und uns sichtbar beobachteten. Man machte Halt, sah eifrig hinüber und sprach über die Sache hin und her. Waren es Indier? und wenn es sich so verhielt, waren es Pawnees? Es spricht mächtig zu der Einbildungskraft und dem Gefühle, wenn man so auf dem Zuge durch diese feindlichen Ebenen einen Reiter am Horizont hinstreifen sieht. Es ist gerade, wie wenn man in Kriegszeiten zur See ein Segel gewahrt, das leicht ein Kaper oder ein Pirat seyn kann. Indessen ward unsern Vermuthungen bald ein Ende gemacht, als wir die zwei Reiter durch ein kleines Fernglas betrachteten: es ergab sich, daß es zwei von den Leuten waren, die wir im Lager zurückgelassen; sie wollten zu uns stoßen, und waren von unserer Spur abgekommen.

Unser heutiger Marsch war sehr aufregend und ergötzlich. Wir befanden uns in einem abenteuerlichen Lande; wir brachen uns Bahn durch einen Strich, den bis jetzt noch kein Weißer betreten, etwa einen einzelnen Streifer ausgenommen. Das Wetter war herrlich; temperirt, heiter, belebend; der Himmel tief blau, mit wenigen leichten, gekräuselten Wolken, die Luft vollkommen durchsichtig, rein und mild; eine herrliche, im goldenen Sonnenschein eines Herbsttages weit ausgebreitete Landschaft; aber ringsum alles todtenstill, wie ausgestorben, keine menschliche Behausung, kein Mensch weit und breit. Es war, als läge ein Bann auf diesem schönen, aber verwünschten Lande. Selbst die Indier wagten es nicht, hier Wohnsitze aufzuschlagen; es ist nur der Schauplatz ihrer gefahrvollen Züge; sie jagen hier ein paar Tage, und dann wieder auf und davon.

Nach einem Marsche von etwa fünfzehn Meilen westwärts lagerten wir auf einer freundlichen Halbinsel, gebildet von den Windungen und Schlingen eines tiefen, klaren, beinahe stehenden Baches, mit hohen, prachtvollen Bäumen bewachsen. Sogleich machten sich mehrere Jäger nach Wild auf, bevor es der Lärm des Lagers verscheuchte. Auch unser Diener Beatte nahm seine Flinte und schlug seinen eigenen Weg ein.

Ich meines Theils legte mich ins Gras unter den Bäumen, baute Luftschlösser und gab mich dem vollen Genusse ländlicher Ruhe hin. Ich kann mir wirklich kaum eine Lebensart denken, die Geist wie Körper in so kräftige Spannung versetze. Ein Morgenritt von

ein

ein paar Stunden, durch Jagdabenteuer erheitert, Nachmittags gelagert im herrlichen Wald, am Wasser, Abends ein Mahl von frisch geschossenem Wildpret, gebraten oder auf Kohlen geröstet, Truthühner, frisch aus dem Dickicht, und wilder Honig aus den Bäumen, und alles dieß durch eine Eßlust gewürzt, von der die Feinschmecker in den Städten keinen Begriff haben; und dann Nachts der süße Schlaf in freier Luft, oder wenn man wacht, der Aufblick zu Mond und Sternen, die durch die Baumzweige schimmern!

Dießmal aber war es mit unserm Proviant eben nicht glänzend bestellt. Im Laufe des Tags war nur Ein Stück Wild geschossen worden, und von dem war nichts an unser Feuer gekommen. Wohl oder übel mußten wir daher unsern derben Hunger mit den aus dem gestrigen Lager mitgebrachten Resten eines Truthahns nebst ein paar Schnitten gesalzenen Schweinefleisches stillen. Dieser Mangel dauerte indessen nicht lange. Ehe es dunkel wurde, kam ein junger Jäger, tüchtig mit Beute beladen. Er hatte ein Reh geschossen, dasselbe kunstgerecht zerlegt, das Fleisch in die zu einem Sack zugerichtete Haut gesteckt, sie auf die Schulter genommen, und damit den Weg ins Lager eingeschlagen. Nicht lange, so erschien auch Beatte mit einem fetten Stück Damwild quer über dem Pferde. Es war das erste Wildpret, das er brachte, und ich war vergnügt, ihn mit einer Trophäe zu sehen, über der man die Geschichte mit dem Stinkthier vergessen konnte. Er legte das Stück Wild bei unserm Feuer nieder, ohne ein Wort zu sagen, und sattelte dann sein Pferd ab; auf alle unsere Fragen hinsichtlich seiner Jagd erhielten wir von ihm nichts als einsylbige Antworten. Wenn Beatte so nach indischer Weise von dem schwieg, was er gethan, so machte es Toni wieder gut, der gewaltig viel davon zu sagen wußte, was er alles zu thun gedachte. Jetzt, da wir auf gutem Jagdgebiete waren, jetzt mußte er hinaus; und wollte man ihm aufs Wort glauben, so sollte man hinfort im Quartier gar nicht wissen, wohin mit dem Wildpret. Zum Glück feierten seine Hände so wenig als seine Zunge; das Wild wurde gewandt zerlegt, mehrere fette Rippen brieten am Feuer, der Kaffeekessel wurde wieder gefüllt, und bald konnten wir uns reichlich für unser kärgliches Mahl entschädigen.

Der Capitän kam erst spät und mit leerer Hand zurück. Er war wie gewöhnlich Rehen nachgegangen, da kam er auf die Fährten eines Rudels von etwa sechzig Elenthieren. Da er noch nie ein olches Thier erlegt, und dieß just für alle alten Jäger im Lager ein Ehrenpunkt geworden war, so ließ er die Rehe im Stich und folgte der neuen Fährte. Nicht lange, so wurde er der Elenthiere ansichtig, und hätte mehr als Einmal gut zum Schusse kommen können; er hätte aber gern einen starken Bock gehabt, der den Rudel führte. Da er aber am Ende sah, daß ihm so leicht die ganze Heerde entschlüpfen konnte, so gab er Feuer auf ein Thier. Er traf, aber das Wild behielt noch Kraft genug, mit den andern eine Zeit lang zu laufen. Nach den Blutspuren überzeugte er sich, daß es todtwund war; aber der Abend brach an, er konnte die Spur nicht verfolgen, und mußte weitere Nachsuchung auf morgen verschieben.

Der alte Ryan und sein kleiner Haufe waren immer noch nicht zu uns gestoßen, eben so wenig ließ sich unser junger Mestize Antoine blicken. Man beschloß daher, bis zum folgenden Tage gelagert zu bleiben, damit alle Nachzügler Zeit hätten, sich anzuschließen.

Die alten Jäger unterhielten sich am Abend vom Stamme der Delawaren, von denen wir im Laufe des Tages ein Lager gesehen hatten; man erzählte sich Geschichten von ihrer Tapferkeit im Krieg und ihrer Fertigkeit auf der Jagd. Sie sind gewöhnlich tödtliche Feinde der Osagen, welche großen Respect haben vor ihrer verzweifelten Tapferkeit, dieselbe aber einem wunderlichen Grunde zuschreiben. „Seht die Delawaren an,“ sagen sie, „ihre Beine sind kurz, sie können nicht laufen, müssen stehen bleiben und dreinschlagen.“ Und wirklich haben die Delawaren etwas kurze Beine, während die Osagen mit auffallend langen versehen sind.

Die Kriegs- wie die Jagdzüge der Delawaren sind weit und kühn. Ein kleiner Haufe dringt tief in diese feindlichen, gefahrvollen Wildnisse, ja gelangt von Lager zu Lager sogar bis zu den Rocky-Mountains. Zu diesem furchtlosen Sinne mag in gewissem Grad einer ihrer Glaubensartikel beitragen. Sie glauben nämlich, ein Schutzgeist in Gestalt eines mächtigen Adlers, der unsichtbar im Himmel schwebe, wache über ihnen. Zuweilen, wenn er ihnen wohl will, kommt er herab in die niedrigern Regionen, und dann kann man ihn mit weit gespreizten Schwingen unter dem weißen Gewölke Kreise ziehen sehen. In diesem Fall ist gute Zeit: das Korn gedeiht, und sie haben viel Glück auf der Jagd. Andere Male aber ist er böse, und dann macht er seinem Zorn im Donner Luft, der ist seine Stimme, und im Blitz, der kommt vom Leuchten seiner Augen, und er erschlägt den Gegenstand seines Mißfallens. Die Delawaren opfern diesem Geiste, der zuweilen, zum Beweise seiner Zufriedenheit, eine Feder aus seiner Schwinge fallen läßt. Diese Federn machen den, der sie trägt, unbesieglich und unverwundbar. Ueberhaupt schreiben die Indier den Adlerfedern mächtige, geheime Kräfte zu. Einmal wurde ein Haufe Delawaren bei einem kühnen Streifzug auf das Jagdgebiet der Pawnees auf einer der großen Ebenen umzingelt und beinahe aufgerieben. Der Ueberrest flüchtete sich auf eine der freistehenden kegelförmigen Anhöhen, die sich wie künstliche Hügel mitten in den Prairien erheben. Hier brachte der vornehmste Krieger, aufs Aeußerste getrieben, dem Schutzgeiste sein Pferd zum Opfer. Auf Einmal stürzte ein ungeheurer Adler vom Himmel herab, faßte das Opfer mit seinen Krallen, schwang sich wieder auf und ließ eine Federspule aus seinem Flügel fallen. Freudig nahm der Anführer diese auf, band sie sich vorn an das Haupt, führte die Seinigen den Hügel hinab, und schlug sich unter großem Gemetzel, und ohne daß einer eine Wunde erhalten hätte, mitten durch den Feind.

———

Mit dem frühesten Morgen waren die vornehmsten Jäger im Lager munter und brachen in verschiedenen Richtungen auf, um das Land nach Wild zu durchstreifen. Des Capitäns Bruder, Sergeant Bean, war unter den ersten und kehrte vor dem Frühstück zurück; er hatte eine fette Geiß ganz in der Nähe des Lagers geschossen. Nach dem Frühstück stieg der Capitän zu Pferde, um das Elen zu suchen, das er Abends zuvor angeschossen. Ich schloß mich ihm an, nebst seinem Bruder und einem Lieutenant. Wir gingen sanft aufsteigenden Höhen entlang, durch Dickicht und zerstreute Waldbäume, bis wir zu einem Platze kamen, wo das lange Gras durch die Elenthiere, die hier gelagert, an vielen Orten niedergedrückt war. Hier hatte der Capitän den Rudel zuerst aufgetrieben, und nachdem er sich eine Weile genau umgesehen, zeigte er uns ihre Fährten, die so groß waren wie von Hornvieh. Er ging nun auf der Spur langsam vorwärts, wir Andern in indischer Linie hinter ihm her. Endlich hielt er am Platze, wo er auf den Rudel Feuer gegeben; Blutspuren im Grase verriethen, daß der Schuß gut gesessen. Das angeschossene Thier war noch eine Zeit lang mit der Heerde fortgelaufen; dieß sah man an den Bluts= tropfen auf Büschen und Gewächsen neben der Fährte. Endlich aber hörten diese Spuren auf Einmal auf. „Hier herum," sagte der Capitän, „muß das Elen den Rudel verlassen haben, wenn sie sich zum Tode wund fühlen, gehen sie bei Seite und suchen einen einsamen Platz, um allein zu verenden."

Dieses Bild der letzten Augenblicke eines verwundeten Thiers konnte einen, der im edeln Waidwerk nicht abgehärtet war, schon zum Mitleid rühren; aber solche Regungen sind nur vorübergehend. Der Mensch ist von Natur ein Raubthier, und wie ihn auch die Cultur verändert haben mag, gar bald erwacht in ihm wieder der Zerstö= rungstrieb. Ich fühlte es, mit jedem Tag in den Prairien wurde die Raubsucht und der Blutdurst in meinem Wesen mächtiger.

Nachdem sich der Capitän eine Weile umgesehen, fand er wirklich die einzelne Fährte des angeschossenen Elens, welche fast in rechtem Winkel von dem der Heerde abging und in einen offenen Hochwald lief. Die Blutspuren wurden schwächer, sparsamer und lagen weiter auseinander; am Ende hörten sie ganz auf, und der Boden war so fest, das Gras so dürr und welk, daß die Fuß= stapfen des Thiers nicht mehr zu bemerken waren. „Das Elen muß hier herum seyn," sagte der Capitän, „das sieht man an den Weihen dort oben; so schweben sie immer über einem Aas. Doch das todte Elen kann nicht weiter, laßt uns also die Spur der leben= digen verfolgen; sie haben vielleicht nicht weit Halt gemacht; wir finden sie auf der Weide, und können noch einmal auf sie krachen lassen."

Wir kehrten also um und begaben uns wieder auf die Fährte der Elenthiere, die uns hin und her, über Berg und Thal, unter zerstreuten Eichen durchführte. Hie und da sahen wir ein Reh flüch= tig über eine lichte Stelle im Gehölz setzen; aber der Capitän ließ sich durch solch untergeordnetes Wild von seiner Elenjagd nicht ab= bringen. Auch ein starker Flug wilder Truthühner ward vom Getrap= pel unserer Pferde aufgescheucht; einige liefen so schnell davon, als ihre langen Beine sie tragen wollten, andere flatterten auf die Bäume, von wo sie mit langgestreckten Hälsen uns anguckten. Der Capitän erlaubte nicht, daß Einer Feuer auf sie gab, damit die Elenthiere nicht aufgescheucht wurden. Endlich kamen wir an das Ende des Waldes und an ein steiles Ufer, wo sich unter uns der Red=fork in breitem, sandigem Bette hinschlängelte. Die Fährte lief ans Ufer hinab, und wir konnten sie mit dem Auge über den ebenen Sand=boden bis an den Fluß selbst verfolgen, über den der Rudel offenbar Abends zuvor gesetzt hatte. „Da hilft's Weitergehen nicht," sagte der Capitän; „die Elenthiere müssen große Angst gehabt haben, und mögen über dem Flusse leicht noch zwanzig Meilen fortgelaufen seyn, ohne anzuhalten."

Unser kleiner Haufe theilte sich jetzt; der Sergeant und der Lieutenant machten einen Umweg, um zu jagen, der Capitän und ich gingen dem Lager zu. Unterwegs kamen wir auf einen über ein Jahr alten Büffelpfad, er war nicht breiter als ein gewöhn=licher Fußpfad, und tief ausgetreten, denn die Thiere ziehen in einer Linie hinter einander her. Bald darauf trafen wir zwei Jä=ger zu Fuß, die jagten; sie hatten ein Elen angeschossen, es war aber entsprungen, und auf der Verfolgung desselben waren sie auf das gestoßen, welches der Kapitän Tags zuvor verwundet. Sie kehrten um und führten uns hin. Es war ein herrliches Thier, so groß wie eine jährige Kuh, und lag auf einer offenen Stelle des Waldes, etwa anderthalb Meilen von der Stelle, wo es war ge=schossen worden. Die Weihen, die wir vorhin bemerkt, schwebten über ihm in der Luft. Die Bemerkung des Capitäns war wohl ganz richtig: offenbar hatte das arme Thier, als es sein Leben schwin=den fühlte, sich von seinen unverletzten Cameraden weg auf die Seite gemacht, um allein zu sterben. Der Capitän und die zwei Jäger machten sich mit ihren Jagdmessern sogleich ans Werk, das Thier abzustreifen und zu zerlegen. Innen war es bereits angegangen; aber von Rippen und Lenden wurden tüchtige Stücke abgeschnitten und auf die ausgebreitete Haut gelegt. Sodann schnitt man Löcher in den Rand der Haut, zog Riemen von rohem Leder durch, schnürte alles wie einen Sack zusammen und befestigte es hinten an des Capitäns Sattel. Allermittelst kreisten über uns die Weihen und harrten unsers Abzugs, um über die Reste herzufallen.

Im Lager angelangt, fand ich da unsern jungen Mestizen Antoine. Nachdem er beim Aufsuchen der verlaufenen Pferde drüben überm Arkansas sich von Beatte verloren, kam er auf eine unrechte Spur, verfolgte sie mehrere Meilen und traf da auf den alten Ryan und die Seinigen; es waren ihre Spuren gewesen. Sie gingen zusammen über den Arkansas etwa acht Meilen weiter oben, als wir, und fanden den Weg zu unserm letzten Lagerplatz in der Schlucht, wo wir ein Commando zurükgelassen, um ihrer zu warten. Antoine war gut beritten, ihn mochte auch nach uns verlangen; so machte er sich allein auf unserer Spur nach in unser jetziges Lager und brachte einen jungen Bären mit, den er geschossen.

Die Lagerscenen im Reste des Tages waren gemischt aus Geschäftigkeit und Ruhe. Mehrere der Leute waren an den Feuern beschäftigt, klopften und rösteten Wildpret und Bärenfleisch, das als Vorrath eingepackt werden sollte; andere streckten und rüsteten die Häute der Thiere, die sie geschossen; noch andere wuschen ihre Kleider im Bach und hingen sie an den Büschen zum Trocknen auf, während manche im Grase lagen und behaglich im Schatten plauderten. Hin und wieder kam ein Jäger heim, zu Fuß oder zu Pferd mit Wildpret oder mit leerer Hand. Wer etwas heimbrachte, legte es vor des Capitäns Feuer nieder, und begab sich dann in sein Quartier, um die Abenteuer des Tags den Cameraden zu berichten. An diesem Lagerplatze wurden im Ganzen sechs Rehe und Elenthiere, zwei Bären und sechs bis acht Truthühner geschossen.

In den letzten zwei, drei Tagen, seit ihrem wilden indischen Kunststück auf dem Flusse, hatten unsere Diener in den Augen der Jäger an Bedeutsamkeit gewonnen, und jetzt fand ich, daß Toni einigen rohen, unerfahrnen Recruten gegenüber, die niemals in der Wildniß gewesen, förmlich das Orakel machte. Stets war ein Haufe um ihn her, und horchte seinen abenteuerlichen Historien von den Pawnees, mit welchen er gar oft tüchtig handgemein gewesen seyn wollte, und seine Schilderungen waren allerdings darauf berechnet, den Zuhörern einen furchtbaren Begriff von dem Feinde beizubringen, dessen Gebiet sie jetzt betreten. Hörte man ihn, so richtete die Büchse des Weißen gegen Bogen und Pfeil des Pawnees nicht viel aus. Ist die Büchse abgeschossen, hieß es, so braucht es Zeit und Umstände, sie wieder zu laden, und allermittelst kommt der Feind herbei und sendet seine Geschosse eins ums andere ab, weil er bloß den Bogen anzuziehen braucht: ferner sollten die Pawnees auf dreihundert Yards unfehlbar sicher treffen und mit dem Pfeil einen Büffel durch und durch schießen; ja er wußte sogar zu erzählen, wie der Pfeil eines Pawnee durch einen Büffel durchgefahren und noch einen zweiten verwundet. Und dann die Weise, wie sich die Pawnees gegen das feindliche Geschoß decken: sie hängen sich mit einem Bein über den Sattel, verbergen den Körper hinter dem Pferd und senden ihre Pfeile im vollen Lauf unter seinem Halse durch. Wollte man Toni glauben, so war jeder Schritt auf diesem gemeinsamen Tummelplatze der indischen Stämme mit Gefahr verbunden. Unsichtbar kauerten Pawnee's in Dickicht und in Schluchten. Sie haben ihre Wachen und Vorposten auf den Bergen, wo man die Aussicht über die Prairien beherrscht, und da liegen sie versteckt im hohen Gras, und heben nur zuweilen den Kopf auf, um die Bewegungen einer Kriegs= oder Jagdmannschaft zu beobachten, die in gestreckter Linie unten dahinzieht. Um bei Nacht ein Lager zu belauern, kriechen sie durch das Gras, und machen dabei die Bewegungen des Wolfs nach, so daß die Schildwache auf dem Vorposten getäuscht wird, bis sie nahe genug heran sind, wo sie ihr dann einen Pfeil durchs Herz schicken und sich unbemerkt wieder zurückziehen. Während Toni so erzählte, forderte er hin und wieder Beatte zum Zeugen auf, daß er Wahrheit spreche; die einzige Antwort war dann ein Nicken mit dem Kopf oder ein Zucken mit der Achsel; letzteres sprach ein dopeltes Gefühl aus, Verdruß über die Aufschneidereien seines Cameraden und unaussprechliche Verachtung der jungen Jäger, welche von allem, was ihm allein für ächte Wissenschaft galt, sogar nichts wußten.

---

18 October. — Wir machten uns zur gewöhnlichen Stunde zum Aufbruch fertig, da ward dem Capitän gemeldet, drei von den Jägern, welche die Masern bekommen hatten, können nicht weiter, und einer werde vermißt. Letzterer war ein alter Gränz= mann, der zu Jahren gekommen war, ohne klug zu werden; er war den Abend zuvor auf die Jagd gegangen und hatte sich wahrscheinlich in den Prairien verirrt. Man ließ daher eine Wache von zehn Mann zurück, die der Kranken pflegen und auf den Verirrten warten sollte. Waren erstere in zwei, drei Tagen wieder wohl auf, so sollten sie dem Hauptcorps nachrücken, im andern Fall in die Garnison heimgeführt werden.

Wir sagten dem kranken Lager Lebewohl und wandten uns west=

wärts, längs der Quellen kleiner Flüsse, welche sämmtlich in tiefen Betten dem Red-fork zulaufen. Das Land war hoch und gehügelt, der Boden mager und dürr, mit dem Sandstein versetzt, der in diesem Landstrich überall vorkommt, und dünn mit rauhen Eichwäldern bewachsen. Im Laufe des Morgens bekam ich eine harte Lehre, wie sorglich man in der Prairie mit seinem Pferd umgehen muß. Ich war so schwach, auf das meinige etwas stolz zu seyn; es ging besser als die meisten Pferde in der Truppe, und war sehr muthig und feurig. Beim Uebergang über die tiefen Flußbetten kletterte es die steilen Ufer hinan wie eine Katze, und war immer fertig, über schmale Wasser zu setzen. Bald sollte ich erfahren, wie unklug es sey, es solche Stücke machen zu lassen. Als ich über einen kleinen Bach gesetzt, fühlte ich es sogleich unter mir schwanken. Es hinkte noch eine Weile fort, wurde aber bald ganz lahm; es hatte die Schulter verrenkt. Was war jetzt zu thun? Weiter konnte es nicht, und es in der Prairie zu lassen, dazu war es doch zu kostbar. Es blieb nichts übrig, als es zu den Invaliden ins Lager zurückzuschicken und es ihr Loos theilen zu lassen. Aber jetzt ergab sich eine neue Schwierigkeit; niemand zeigte sich willfährig, das Roß zurückzuführen, obgleich ich eine gute Belohnung bot, sey es nun, daß Toni's Geschichten von den Pawnees jedermann vor lauernden Feinden und drohenden Gefahren bange gemacht, oder daß sie fürchteten, die Spur zu verlieren und sich zu verirren. Endlich traten zwei junge Leute vor und erboten sich, zusammen zu gehen, damit, sollten sie in der Prairie von der Nacht überfallen werden, der eine wachen könnte, während der andere schliefe. Das Roß ward ihnen anvertraut, und ich sah ihm trübselig nach, wie es davon hinkte, denn mir war, als wäre mit ihm alle Kraft, alle Elasticität von mir genommen.

Ich sah mich nach einem andern Pferd um und warf meine Augen auf den hübschen Schimmel, den ich in der Agentschaft Toni überantwortet. Kaum aber ließ ich ein Wort davon fallen, daß er absitzen und sich an den überzähligen Klepper machen solle, so brach der kleine Kerl lärmend in Vorstellungen und Klagen aus, und der Eifer denselben Luft zu machen, drückte ihm fast das Herz ab. Ich sah wohl, ihm sein Pferd nehmen, hieß, ihn moralisch völlig niederschlagen und seiner Eitelkeit den Todesstoß versetzen. So grausam konnte ich nicht seyn, und so ließ ich ihm seinen hübschen

Schimmel und legte meinen eigenen Sattel dem verdorbenen Klepper auf.

Jetzt fühlte ich recht, wie völlig die Lage eines Reiters in der Prairie sich verändern kann, und wie ganz die geistige Stimmung des Mannes von seinem Pferd abhängt. Bisher konnte ich nach Gefallen kleine Streifzüge aus der Linie unternehmen, konnte einem Gegenstande, der mich anzog, nachsetzen; jetzt war ich auf Kraft und Muth des schlechten Thiers, das ich ritt, reducirt, und mußte geduldig, gemach hinter meinem Vormann einhertrotten. Vornehmlich aber sah ich jetzt ein, wie unklug es ist, auf Reisen der Art, wo das Leben des Reiters von der Kraft, Schnelligkeit und Gesundheit seines Pferdes abhängen kann, dem edlen Thier irgend eine unnöthige Kraftäußerung zuzumuthen.

Ich habe bemerkt, daß der vorsichtige, erfahrne Jäger und Reisende in den Prairien auf dem Marsche sein Pferd immer schont, und es, Nothfälle abgerechnet, nie aus dem Schritt bringt. Selten sind die regelmäßigen Tagmärsche der Gränzmänner und Indier, wenn es weit geht, stärker als sechzehn Meilen, und oft nur zehn bis zwölf, und niemals wird dabei unnöthig gallopirt oder curbettirt. In unserer Truppe aber befanden sich viele junge, unerfahrene Leute, für die es der größte Jubel war, sich in einem so wildreichen Landstriche zu befinden. Es war durchaus unmöglich, sie im ruhigen Schritt oder in der Linie zu halten. Wenn wir durch das Dickicht und über Schluchten unsern Weg suchten, und die Rehe aufgingen und rechts und links hinausfuhren, so pfiffen ihnen die Büchsenkugeln nach, und unsere jungen Nimrods sprengten davon. Einmal jagten ihrer eine Menge hinaus, einem Rudel Bären nach, wie es hieß, machten aber bald Halt, da sie inne wurden, daß es schwarze Wölfe waren, die in Gesellschaft jagten.

Nach einem Marsche von etwa zwölf Meilen lagerten wir etwas nach Mittag am Ufer eines Baches, der langsam in einem sehr tiefen Bette floß. Im Laufe des Nachmittags erschien der Nestor des Lagers, der alte Ryan, mit seinem kleinen Trupp von Nachzüglern. Er ward mit Jubel begrüßt, ein Beweis, in welcher Achtung er bei seinen Cameraden stand. Sie brachten eine Menge Wildpret mit, und einen hübschen Ziemer legte der Alte am Feuer des Capitäns als Geschenk nieder.

Noch früh am Nachmittag gingen unsere Leute, Beatte und Toni, auf die Jagd; gegen Abend kam Ersterer mit einem hübschen Bock auf dem Pferde zurück. Wie gewöhnlich, legte er ihn schweigend nieder und machte sich daran, sein Pferd abzusatteln, um es laufen zu lassen. Toni kam ohne Wildpret, aber desto mehr wußte er zu renommiren; er hatte mehrere Capitalschüsse gethan, aber leider des angeschossenen Wilds nie habhaft werden können. Im Lager war Fleisch vollauf, denn, außer anderm Wilde, waren auch drei Eleuthiere geschossen worden. Die vorsichtigen alten Jäger waren alle beschäftigt, Fleisch auf magere Zeiten zuzubereiten; die minder Erfahrnen schwelgten im gegenwärtigen Ueberfluß und dachten, morgen sey wieder ein Tag.

Am folgenden Morgen (19 October) tauschte ich ein kräftiges, munteres Pferd gegen meinen Klepper und eine ziemliche Summe Gelds. Ich war höchlich vergnügt, da ich mich wieder erträglich beritten sah. Ich merkte indessen, daß man gar leicht nach Gefallen unter der Truppe hätte auslesen können, denn all die Jäger hatten den im ganzen Westen allgemeinen Hang zum Tauschen, oder, wie wir es nennen, Handeln. Da war wohl schwerlich ein Pferd, eine Büchse, ein Pulverhorn, eine Decke, die nicht während unserer Expedition mehr als Einmal den Herrn gewechselt hätten, und ein pfiffiger Händler rühmte sich, mittelst mannichfachen Handelns, ein schlechtes Pferd mit einem guten vertauscht und noch hundert Dollars in den Beutel gesteckt zu haben.

Der Morgen war trüb und schwül, und es donnerte in der Ferne. Der Wechsel der Witterung äußerte seinen Einfluß auf die Stimmung der Leute. Im Lager ging es ungewöhnlich nüchtern und ruhig zu; kein Hühnerhof=Concert mit Krähen und Gackern, wie sonst gewöhnlich bei Tagesanbruch, keine lärmende Fröhlichkeit, keine lauten Späße und Witze, wie sonst, während man sich beim Aufpacken umtummelte. Dann und wann trillerte einer ein Stück von einem Liede, dort lachten ein Paar, aber nicht von Herzen, oder einer pfiff vor sich hin, im Ganzen aber ging jeder still, verdrießlich an die Geschäfte im Lager und die Vorbereitungen zum Aufbruch.

Als es zum Satteln und Aufsitzen kam, meldete man fünf Pferde als vermißt, obgleich ziemlich weit ums Lager her das ganze Dickicht durchsucht worden war. Mehrere Jäger wurden beordert in der Umgegend zu streifen. Allermittelst donnerte es fortwährend, und wir bekamen einen vorübergehenden Regenschauer. Auf die Pferde wirkte der Wechsel der Witterung wie auf die Reiter. Sie standen im Lager herum, manche gesattelt und gezäumt, andere frei, alle aber schlaff mit halbgeschlossenen Augen und hängendem Kopfe, den einen Hinterfuß heraufgezogen und auf die Hufspitze gestellt; sobald es regnete fing ihre ganze Haut an zu rauchen und stieß ganze Dampfwolken aus. Die Leute, verdrießlich umherstehend, warteten ihrer Cameraden, die nach den Pferden gegangen, und sahen hin und wieder ängstlich nach den aufziehenden Wolken, die mit baldigem Ungewitter drohten. Trübes Wetter macht trübe Gedanken; einige äußerten die Besorgniß, Indier, die uns ausgewittert, möchten in der Nacht die Pferde gestohlen haben. Die Mehrheit aber fürchtete, sie könnten zu unserm letzten Lagerplatz umgekehrt, oder sich gar in gerader Richtung nach Fort Gibson aufgemacht haben. In dieser Beziehung soll das Pferd einen ähnlichen Instinct haben wie die Taube. Sie machen den schnurgeraden Weg nach Hause, durch Striche der Wildniß, die sie zuvor nie betreten.

Nachdem wir bis ziemlich hoch am Vormittag gewartet, wurde ein Lieutenant mit einer Wache beordert, die Rückkehr der Jäger abzuwarten, und wir brachen zu unserm Tagmarsch auf, ziemlich geschmolzen an Zahl, wobei, glaube ich, unserm kleinen Hector Toni nicht wohl zu Muthe war, denn er gab zu verstehen, im Fall eines Rencontres mit den Pawnee's dürften wir zu schwach seyn.

―――――

Unser Marsch einen Theil des Tags über ging etwas südwestlich durch dünne Wälder von verkrüppelten Eichen. Der Boden ist hier lose, nachgebend, an manchen Stellen nicht viel besser als eigentlicher Flugsand, wo bei Regenwetter der Huf des Pferdes hin und her glitscht, und hie und da bis über die Fessel im losen, schwammigen Rasen einsinkt. So war es jetzt in Folge mehrerer Gewitterschauer, in denen wir in verdrießlichem Schweigen dahinzogen. Verschiedene Stücke Rothwild gingen vor uns auf und flohen über die Lichtungen im Gehölz; aber nicht Einer brach, wie sonst, aus der Linie sie zu verfolgen. Einmal kamen wir bei Büffelknochen und Hörnern, und später an einer nicht über drei Tage alten Büffelspur vorüber. Diese Anzeichen, daß dieses gewaltige Wild der Prairien jetzt in der Nähe war, wirkten belebend auf unsere Waidmänner, der Eindruck währte aber nicht lange.

Während wir über eine Prairie von mäßiger Ausdehnung zogen, die durch die Regenschauer so ziemlich zu einem schlüpfrigen Pfuhl geworden war, überfiel uns ein starker Gewitterguß. In Strömen prasselte der Regen auf uns nieder, und sprühte wie in Dampfwolken vom Boden auf; mit Einemmale war die ganze Landschaft dunkel überzogen, desto greller leuchteten die starken Blitze, während der Donner fast über unsern Köpfen krachte, und lang hin durch die Wälder rollte, welche die Prairie durchzogen und umsäumten. Menschen und Vieh waren von der Wuth des Orkans und den schlagenden Wasserströmen so betäubt, daß die Marschlinie völlig in Verwirrung gerieth; manche Pferde wurden so scheu, daß man sie kaum bändigen konnte, und unsere gesprengte Reiterei glich einer vom Sturm verschlagenen Flotte, die Wind und Wellen preisgegeben dahintreibt.

Endlich um halb drei Uhr machten wir Halt, sammelten unsere Streitkräfte, und lagerten in einem offenen, hochstämmigen Wald, an der einen Seite eine Prairie, an der andern ein fließendes Wasser. Nicht lange, so erscholl der Wald von Axthieben und dem Gekrache stürzender Bäume. In kurzem brannten mächtige Feuer; Decken wurden davor als Zelte aufgespannt, rasch aus Rinde und Häuten Baracken errichtet; um jedes Feuer war dicht eine Gruppe gelagert, um sich zu trocknen und zu wärmen oder ein gutes Mahl zu bereiten. Mehrere Jäger entluden und reinigten ihre Büchsen, die naß geworden, während sich die Pferde, der Sättel und des Gepäcks entledigt, im nassen Grase wälzten.

Die Regenschauer wiederholten sich von Zeit zu Zeit bis spät am Abend. Vor Nacht wurden unsere Pferde eingetrieben, und um das Lager her innerhalb der Posten angebunden, aus Furcht vor diebischen Indiern, welche sich zu ihren Räubereien und Ueberfällen gern stürmische Nächte zu Nutzen machen. Als die Nacht schwärzer hereinbrach, schimmerten die Feuer immer heller, und beleuchteten Massen des überhängenden Laubs, während andere Partien des Waldes in tiefem Dunkel lagen. Um jedes Feuer bewegten sich Figuren wie Kobolde, und im Dickicht gewahrte man undeutlich wie Gespenster die angebundenen Pferde, nur daß sich da und dort ein Schimmel deutlicher abhob. Das Gehölz, vom röthlichen Scheine der Feuer phantastisch beleuchtet, glich einem mächtigen Blätter= dome mit finstern Wänden; aber hin und wieder that sich beim Scheine schlängelnder Blitze, die rasch hintereinander niederfuhren, eine weite Landschaft auf; Felder, Wälder und Ströme tauchten auf für ein paar Secunden, und waren, bevor das Auge sich ihrer Exi= stenz versichern konnte, wieder in die Nacht zurückgesunken.

Ein Gewitter in der Prairie wird, gerade wie auf offener See, durch die gränzenlose Einöde, über der es sich krachend entladet, erhaben und großartig im höchsten Grade. Es ist kein Wunder, daß diese schrecklichen Naturphänomene für die armen Wilden Ge= genstände abergläubischer Verehrung werden, daß ihnen der Donner für die zornige Stimme des großen Geistes gilt. Bei unsern Me= stizen, die schwatzend am Feuer saßen, erkundigte ich mich nach den Vorstellungen ihrer indischen Freunde in dieser Hinsicht. Sie sagen, von den Jägern werden zuweilen in der Prairie Donnerkeile gefun= den, und von ihnen als Pfeil= und Lanzenspitzen benützt; mit solcher Waffe ist ein Krieger unüberwindlich. Bricht aber während der Schlacht ein Gewitter aus, so wird er vom Donner weggerafft, und man sieht und hört nichts mehr von ihm.

Ein Krieger aus dem Konzastamme ward auf der Jagd in ei= ner Prairie von einem Gewitter überfallen und von einem Blitze niedergeschmettert. Als er wieder zu sich kam, sah er den Donner= keil am Boden liegen und daneben ein Pferd stehen. Er nahm den Donnerkeil auf und sprang auf das Pferd, merkte aber zu spät, daß er den Blitz bestiegen. Im Nu ward er über Prairien, Wälder, Ströme und Einöden weggeführt, bis er besinnungslos am Fuße der Rocky=Mountains niederstürzte, und dann, nachdem er zu sich gekommen, mehrere Monate brauchte, um wieder zu den Seinigen zu kommen. Diese Geschichte erinnerte mich an eine indische, von einem Reisenden erzählte Sage von einem Krieger, der den Blitz am Boden liegen sah, und links und rechts davon einen schön gear= beiteten Mocassin. In der Meinung, einen guten Fund gethan zu haben, zog er die Mocassins an, sie trugen ihn aber fort ins Land der Geister, aus dem er nicht wieder zurückkam.

Dieß sind naive, kunstlose Geschichten; aber wild romantisch klingen sie aus dem Mund eines halbwilden Erzählers, an einem

Jagdfeuer, in stürmischer Nacht, rechts ein Wald, links eine dröh=
nende Einöde, wo vielleicht wilde Feinde draußen im Dunkel lauern.

Unser Gespräch ward durch einen heftigen Donnerschlag unter=
brochen, der kaum verhallt war, als man die Hufschläge eines
Rosses vernahm, das wie toll ins Weite hinausjagte. Alles horchte
in Todtenstille; eine Zeit lang hörte man den Hufschlag noch deut=
lich, dann schwächer und schwächer, bis er in der Ferne verklang.
Jetzt gaben die Horcher ihre Vermuthungen Preis, was wohl das
Pferd so auf Einmal zum Ausreißen gebracht. Einige meinten,
der Donnerschlag habe das Pferd scheu gemacht, Andere, ein lauern=
der Indier habe es bestiegen und sey auf ihm davongesprengt. Man
wandte dagegen ein, gewöhnlich schleichen sich die Indier leise zu
dem Pferde heran, nehmen ihm die Fesseln ab, steigen sachte auf
und reiten so still als möglich davon, andere Pferde an die Hand
nehmend, mit Vermeidung jedes auffallenden Geräusches, wo=
durch das Lager in Allarm kommen könnte. Von anderer Seite
hieß es, ein gewöhnlicher indischer Kunstgriff sey, bei Nacht unter
einen Haufen grasender Pferde zu kriechen, eines leise zu besteigen,
und dann plötzlich wie toll davonzujagen. Nichts theilt sich den
Pferden leichter mit als Schreck; wenn eines auf diese Weise plötz=
lich ausreißt, kommt oft der ganze Trupp in Aufruhr, und sie laufen
Hals über Kopf dem ersten nach. Wer ein Pferd ums Lager herum
auf der Weide hatte, fürchtete, der Ausreißer möchte das seinige seyn,
es war aber unmöglich, die Sache vor Tagesanbruch auszumitteln.
Die ihre Pferde angebunden, waren ruhiger; aber Pferde, die an=
gebunden werden und bei Nacht nur geringen Spielraum haben,
fallen auf einem langen Marsche leicht vom Fleisch, und manchen
Pferden in der Truppe merkte man es schon ziemlich an, wie sehr
sie mitgenommen waren.

Nach einer finstern, unruhigen Nacht graute der Morgen hell
und klar, und ein prächtiger Sonnenaufgang verwandelte die ganze
Landschaft wie durch Zauberei. Die bisherige trostlose Wildniß
war jetzt ein lachendes, offenes Land mit hochstämmigen Gehölzen
und Gruppen von gigantischen Eichen, die zuweilen ganz einsam
standen, als wären sie zur Zier und des Schattens wegen auf reiche
Triften gepflanzt, und unsere Pferde, die hin und wieder darunter
weideten, gaben dem Ganzen das Ansehen eines großartigen Parks.
Nur schwer konnte man sich überzeugen, daß wir uns so tief in der

Wildniß, so weit von den Stätten der Menschen befanden. Nur in unserem Lager, mit seinen rohen Zelten aus Häuten und Decken und den blauen zum Laub aufsteigenden Rauchsäulen, sah es wild aus.

Das Erste war, nach unsern Pferden zu sehen. Manche hatten sich etwas verlaufen, indessen wurden alle gefunden, auch dasjenige, dessen Hufschlag in der Nacht uns in solche Unruhe versetzt. Es hatte etwa eine Meile vom Lager Halt gemacht, und man fand es ruhig weidend an einem Bache.

Gegen halb neun Uhr rief das Horn zum Aufbruch. Da wir, je weiter wir kamen, desto mehr zu besorgen hatten, von Indiern beunruhigt zu werden, so wurde unser Zug etwas sorgfältiger geordnet als bisher. Jedem Mann ward seine bestimmte Stelle angewiesen, und keiner durfte ohne besondere Erlaubniß einem Wilde nachgehen. Die Packpferde kamen mitten in den Zug und hintenan ein starker Nachtrab.

———

Nachdem wir uns eine Strecke weit mühsam über einen, von Schluchten und Bächen durchschnittenen und dicht bewachsenen Landstrich durchgearbeitet, kamen wir auf eine große Prairie hinaus, und hier that sich uns nun eine Aussicht auf, wie sie für den „fernen Westen" charakteristisch ist: ein ungeheurer Strich mit Gras bewachsenen, sanft gewellten Landes, hie und da mit Baumgruppen besetzte, die sich in der Ferne ausnahmen wie ein Schiff zur See, eine Landschaft, die eben durch ihre Einfalt und Schrankenlosigkeit großartig wird. Gegen Südwest erhob sich über einem Hügel ein seltsamer Kamm von zerklüfteten Felsen, gleich einem zerstörten Schlosse. Es erinnerte mich an die Trümmer eines maurischen Schlosses, wie sie mitten in einer einsamen spanischen Landschaft die Höhen krönen. Dem Hügel gaben wir den Namen Cliff-castle (Felsenschloß).

Die Prairien dieses großen Jagdgebiets haben hinsichtlich der Vegetation einen ganz andern Charakter als diejenigen, über die ich bisher gekommen. Statt der hohen blumigen Gewächse und des langen üppigen Grases waren sie mit kürzerem Gras, genannt Büffelgras, bewachsen, das etwas rauh ist, aber zur rechten Jahreszeit ein treffliches, reichliches Futter gibt. Gegenwärtig war es an vielen Stellen zu dürr zur Weide. Die Witterung verkündete den Eintritt der heitern, aber etwas trockenen Jahreszeit, der indische Sommer genannt. In der Luft schwebte ein rauchiger Nebel, der das helle Sonnenlicht zu einer Art von Goldton brach, die Züge der Landschaft verschmolz und die Umrisse entfernter Gegenstände verschwommen erscheinen ließ. Dieses neblige Wesen wurde mit jedem Tag stärker; man leitete es davon her, daß indische Jäger ferne Prairien in Brand gesteckt.

Wir waren noch nicht weit auf der Prairie gekommen, so sahen wir tiefe Fährten über die Ebene dahin laufen. Zuweilen waren ihrer zwei bis drei einander parallel und nur wenige Schritt von einander entfernt; man erklärte es für Büffelspuren; starke Rudel mußten hier vorbeigekommen seyn. Auch Pferdespuren bemerkte man und diese wurden von unsern erfahrenen Jägern genauer untersucht. Von wilden Pferden konnten sie nicht herrühren, weil keine Fährten von Füllen darunter waren. Die Pferde waren sichtbar nicht beschlagen, und so schloß man, sie müssen einer Jagdgesellschaft von Pawnees angehört haben. Im Laufe des Morgens entdeckte man eine einzelne Spur eines beschlagenen Pferdes; dieses mochte einem Cherokeejäger angehört haben oder einem Weißen auf der Gränze gestohlen worden seyn. So gibt beim Zuge durch diese gefährlichen Einöden jeder Hufschlag am Boden Anlaß zu sorgfältiger Beaugenscheinigung und mancherlei widersprechenden Vermuthungen, und es frägt sich immer darum: ist es die Spur von Freund oder Feind, frisch oder alt, ist der, von dem sie herrührt, weit weg oder könnte man mit ihm zusammentreffen?

Wir kamen immer tiefer in die eigentlichen Jagdgründe hinein. Zu wiederholten Malen sahen wir Rothwild rechts und links sich ins Dickicht flüchten, aber dergleichen Erscheinungen regten die Jagdlust nicht mehr auf wie früher. Auf dem Wege durch eine Mulde in der Praire zwischen zwei rundlichen Landhöhen erblickten wir eine ächte natürliche Jagdpartie. Ein Trupp von sieben schwarzen Wölfen und einem weißen setzten einem Bocke nach, den sie beinahe schon zu Tod gehetzt. Sie liefen quer durch unsere Marschlinie durch, ohne auf uns zu achten. Wir sahen sie etwa eine Meile Wegs lustig dahinlaufen, immer näher am Bock, bis sie ihm endlich auf das Kreuz springen konnten, da setzte er in eine Schlucht hinab. Einige von uns sprengten eine Anhöhe hinan,

von

von wo man die Schlucht übersah. Der arme Bock war völlig umringt, einige ihm zur Seite, andere am Hals. Er machte zwei, drei verzweifelte Sätze, ward aber niedergeworfen, überwältigt und in Stücke zerrissen. Die schwarzen Wölfe nahmen im Eifer und Heißhunger keine Notiz von den Reitern in der Ferne; der weiße aber, sichtbar von schwächerer Art, ließ die Beute im Stich und strich dahin über-Berg und Thal, wobei er verschiedene, in den Gründen gelagerte Rehe aufscheuchte, die nach allen Seiten hinausfuhren. Das Ganze war eine ächte wilde Scene, vollkommen würdig dieses famosen Jagdgebiets.

Jetzt bekamen wir den Red-fork wieder zu Gesicht, der seine trüben Wasser zwischen stark bewaldeten Hügeln und durch eine weite herrliche Landschaft hinwälzte. Die Prairien am Ufer der Ströme sind immer mit Gehölzen belebt, und diese so schön vertheilt, als ob eine geschmackvolle Hand sie gepflanzt hätte; es fehlte nichts, als hin und wieder die Spitze eines Dorfkirchthurms, die Mauern eines Castells oder die Thürme eines alten Herrenhauses über den Bäumen, so könnten sie sich mit der cultivirtesten Landschaft in Europa messen.

Gegen Mittag gelangten wir zum Rande des zerstreuten Waldgürtels, der, etwa vierzig Meilen breit, von Nord nach Süd, vom Arkansas zum Redriver quer durch das Land streicht, die obern von den untern Prairien trennt und gemeiniglich Cross=Timber genannt wird. Am Saume dieses Waldlandes, dicht an einer Prairie, entdeckten wir die Spuren eines Pawneelagers, zwischen hundert und zweihundert Hütten stark, ein Beweis, daß der Trupp sehr stark gewesen. Beim Lager lag ein Büffelschädel, und am Moose, das darauf gewachsen, sah man, daß das Lager mindestens ein Jahr alt war. Etwa eine halbe Meile weiter hin lagerten wir in einem hübschen, von einer frischen Quelle und einem kleinen Bache bewässerten Gehölze. Wir hatten den Tag gegen vierzehn Meilen zurückgelegt.

Im Laufe des Nachmittags stießen zwei Mann von Lieutenant Kings Commando zu uns, das wir vor wenigen Tagen der verlaufenen Pferde wegen zurückgelassen. Man hatte sämmtliche Pferde gefunden, obgleich manche mehrere Meilen weit gegangen waren. Der Lieutenant mit siebzehn Mann war an unserm Lagerplatze von der vergangenen Nacht zurückgeblieben, um zu jagen, weil man auf frische Büffelspuren gekommen. Sie hatten auch ein schönes wildes Pferd gesehen, es war aber so schnell davon gerannt, daß man an kein Nachsetzen denken konnte.

Man überließ sich jetzt der frohen Hoffnung, am folgenden Tage Büffel, vielleicht gar wilde Pferde zu treffen, und alles war munter und guter Dinge. Wir hatten aber auch eine Aufregung der Art sehr nöthig, denn unsere jungen Leute wurden nachgerade des Zwangs auf dem Marsch und im Lager überdrüssig, und der Mundvorrath war heute nahe beisammen. Der Capitän und mehrere Jäger gingen auf die Jagd, brachten aber nichts heim als ein kleines Stück Rothwild und wenige Truthühner. Unsere zwei Leute, Beatte und Toni, machten sich gleichfalls auf; Ersterer kam mit einem Reh über dem Pferde, legte es nieder, wie gewöhnlich, und sagte nichts dazu; Toni kam ohne Wild, aber wie immer mit einem Sack voll wunderbarer Geschichten. Er und die Rehe hätten Wunder gethan; keines kam in den Bereich seiner Büchse, ohne daß er ihm ein Tüchtiges versetzte; aber seltsamer Weise waren alle damit ihres Wegs gegangen. Wir meinten, seinem wunderbar rüstigen Treffen nach, müsse Toni mit Freikugeln geschossen haben, aber das Leben aller der Rehe müsse gleichfalls gebannt gewesen seyn. Das Wichtigste, was er heimbrachte, war indessen, daß er die Spuren von mehreren wilden Pferden bemerkt. Er sah sich jetzt am Vorabend großer Heldenthaten, denn auf nichts that er sich mehr zu gut, als auf seine Geschicklichkeit im Pferdefang.

---

21 October. — An diesem Morgen war schon sehr frühe großes Leben im Lager; die Erwartung, im Laufe des Tages Büffel zu treffen, regte jedermann auf. Unaufhörlich krachten die Büchsen, die frisch geladen wurden; aus den Doppelflinten zog man den Schrot und lud sie mit Kugeln. Toni seinerseits rüstete sich vorzüglich zum Zuge gegen die wilden Pferde. Er zog zu Feld mit einem Bündel Stricke am Sattelknopf und ein paar weißen Stäben, fast wie Angelruthen, acht bis zehn Fuß lang mit gabelförmigen Enden. Der Lariat, oder der Strick, den man zur Jagd des wilden Pferdes braucht, entspricht dem südamericanischen Lasso; nur wird er nicht so graciös und gewandt geworfen, wie es die Spanier thun. Wenn sich der Jäger nach langem Nachjagen

endlich fast Kopf an Kopf mit dem wilden Pferde befindet, streift er ihm die offene Schlinge des Lariats mit dem Gabelstock über den Kopf, läßt ihm dann die volle Länge des Stricks, spielt daran hin und her, wie man es mit dem Fisch an der Angel macht, und macht es durch Würgen zahm. Alles dieses wollte uns Toni aufs genügendste vormachen. Unser Vertrauen auf seine Leistungen war eben nicht groß, und wir fürchteten, er möchte uns ein gutes Pferd auf der Hetzjagd nach einem schlechten zu Schanden reiten; denn er war, wie alle französischen Creolen, ein toller, unbarmherziger Reiter. Man beschloß daher, ein wachsames Auge auf ihn zu haben und seinem Hange zum Hinausjagen Zaum und Zügel anzulegen.

Wir waren am Morgen noch nicht weit gekommen, da wurden wir durch ein tiefes Wasser aufgehalten, das unten in einer dicht bewaldeten Schlucht lief. Nachdem wir ein paar Meilen daran hingezogen, kamen wir zu einer Furth; aber die Schwierigkeit bestand darin, hinabzukommen; denn die Ufer waren steil und lose, mit Waldbäumen und dazwischen mit Gesträpp und wilden Reben bewachsen. Endlich brach sich der Zugführer Bahn durch das Dickicht; sein Pferd setzte die Füße neben einander und glitt das schwarze bröcklichte Ufer zum Rande des Wassers hinab; sodann watete es, im Schlamm und Wasser bis an den Sattelgurt, hinüber, kletterte das jenseitige Ufer hinan und gelangte glücklich auf ebenen Boden.

Der ganze Zug ging durcheinander dem Zugführer nach; eng geschlossen in indischer Linie drängte man einander das Ufer hinab ins Wasser. Manche Reiter verfehlten die Furth und fielen bis über die Ohren hinein; einer ward abgeworfen und plumpte kopfüber mitten in den Strom. Wie ich so von denen hinter mir das Ufer hinabgedrängt wurde, faßte mich eine Rebe, so dick wie ein Tau, die in der Höhe des Sattelknopfes bogenförmig herüberhing, zog mich aus dem Sattel und warf mich den Pferden unter die Füße. Zum Glück kam ich ohne Verletzung davon, saß wieder auf, setzte über das Wasser ohne weitern Unfall und konnte in die Scherze mit einstimmen, zu welchen die komischen Unfälle beim Uebersetzen vielfachen Anlaß gaben. An Stellen der Art ist bei der Kriegsweise der Indier am meisten ein Hinterhalt zu besorgen, und hier wird auch ein Ueberfall am blutigsten. Ein im Dickicht gut vertheilter

Trupp von Wilden hätte unter unsern Leuten, so lange sie in der Schlucht eingeklemmt waren, furchtbar aufräumen können.

Wir kamen jetzt auf eine weite, prachtvolle Prairie, die im goldenen Scheine der herbstlichen Sonne ausgebreitet da lag. An den tiefen, zahlreichen Büffelfährten sah man, daß hier eine ihrer Lieblingsweiden war; jetzt aber ließ sich keiner blicken. Im Laufe des Morgens wurden wir vom Lieutenant und den siebzehn Mann eingeholt, die zurückgeblieben waren; sie hatten Tags zuvor drei Büffel geschossen und waren mit ihrem Fleische beladen. Einem Jäger aber war es schlecht dabei ergangen: sein Pferd wurde scheu vor den Büffeln, warf ihn ab und entsprang in den Wald. Die Aufregung unserer Jäger, alt wie jung, wurde jetzt fast fieberhaft, denn kaum einer oder der andere hatte dieses hochberühmte Wild der Prairien je zu Gesicht bekommen. Als sich daher im Laufe des Tages auf einem Punkte der Linie der Ruf hören ließ; „ein Büffel! ein Büffel!" kam die ganze Truppe in Aufruhr. Wir zogen gerade durch einen reizenden, gehügelten, von bewaldeten Thälern und hochstämmigen Waldstreifen durchschnittenen Strich der Prairie. Die Lärm geschlagen, wiesen auf ein großes, schwärzliches Thier, das sich, etwa zwei Meilen weit weg, längs einer Anhöhe sachte fortbewegte.

Der allzeitfertige Toni sprang im Sattel auf und stellte sich auf denselben, seine Gabeln in der Hand, wie ein Tanzmeister oder wie Scaramutz im Circus, wenn er ein Reiterkunststück machen will. Nachdem er das Thier einen Augenblick betrachtet, was er ganz eben so gut gekonnt hätte, ohne aus den Bügeln zu kommen, that er den Ausspruch, es sey ein wildes Pferd, gleitete wieder in den Sattel und wollte Hals über Kopf davon, ihm nach, ward aber zu seinem unaussprechlichen Verdruß auf seinen Posten bei den Packpferden verwiesen. Der Capitän und zwei Officiere machten sich jetzt auf, das Wild zu recognosciren. Der Capitän, der ein trefflicher Schütze ist, hatte im Sinne zu versuchen, ob er es nicht anschießen, das heißt, es mit einer Büchsenkugel an dem obern Rand des Halses treffen könne. Ein solcher Schuß lähmt das Pferd auf einen Augenblick, es stürzt nieder, und man kann sich seiner bemächtigen, ehe es wieder zu sich kommt. Es ist dieß aber ein grausames Mittel, denn ein schlechter Schuß kann das edle Thier tödten oder verkrüppeln.

Während der Capitän und seine Begleiter, sich zur Seite wendend, langsam dem Pferd entgegenritten, setzten wir geradeaus unsern Marsch fort, immer das Pferd im Auge. Es ging ruhig die Anhöhe hinauf und verschwand hinter derselben; auch der Capitän und die Seinigen wurden bald durch einen Hügel unsern Blicken entzogen. Nicht lange, so zeigte sich das Pferd auf Einmal zu unserer Rechten, gerade vor der Linie; es kam in scharfem Trott aus einem Thälchen herauf; man sah, es war bereits scheu gemacht. Als es uns gewahr wurde, hielt es rasch an, betrachtete uns einen Augenblick mit sichtlichem Erstaunen, warf dann den Kopf in die Höhe und trabte mit flatternder Mähne und Schweif zierlich von dannen, wobei es jetzt über die eine, dann über die andere Schulter nach uns umblickte. Nachdem es durch einen Streifen von Dickicht gesetzt, der einer Hecke gleichsah, hielt es im freien Felde dahinter an, sah sich mit schöner Haltung des Nackens noch einmal nach uns um, setzte sich in Gallop und verschwand im Walde.

Zum erstenmale sah ich da ein Pferd in seiner natürlichen Freiheit, seinem eingebornen Adel. Welch ein Contrast mit dem armen, verstümmelten, gezäumten, geschirrten, gezügelten Schlachtopfer des Luxus, der Launen und der Habsucht in unsern Städten!

Nach einem Marsche von etwa fünfzehn Meilen lagerten wir gegen ein Uhr, damit unsere Jäger Zeit hätten, Mundvorrath herbeizuschaffen. Unser Lager befand sich in einem weiten Gehölze von hohen Eichen= und Wallnußbäumen, ohne Unterholz und neben einem Bache. Während unser kleiner Franzose die Packpferde ablud, machte er laut seinem Bedauern Luft, daß man ihm nicht erlaubt, dem wilden Pferde nachzusetzen, das er unfehlbar gefangen hätte. Zugleich sah ich, wie unser Mestize Beatte ruhig sein bestes Pferd, ein kräftiges Thier von halbwilder Race, sattelte, den Lariat an den Sattelknopf hing, zu Büchse und Gabelstock griff, aufsaß und, ohne ein Wort zu sagen, davonritt. Man sah wohl, er hatte im Sinne, das wilde Pferd aufzusuchen, wollte aber dabei allein seyn.

―――

Wir hatten in einer wildrauhen Gegend gelagert, wie man bald am Krachen der Büchsen ringsum merkte. Bald war einer unserer Jäger wieder da mit dem Fleisch einer Geiß, das er in die

Haut gepackt über der Schulter trug; ein anderer brachte einen fetten Bock auf dem Pferde; ferner kamen zwei weitere Stücke Rothwild und eine Anzahl Truthühner. Alles Wild wurde vor des Capitäns Feuer niedergelegt, um sofort unter die verschiedenen Menagen vertheilt zu werden. Bratspieße und Feldkessel waren bald voll, und den ganzen Abend ward auf Waidmannsweise getafelt und geschlemmt.

In unserer Hoffnung, auf Büffel zu stoßen, hatten wir uns heute getäuscht gesehen; aber das wilde Pferd war etwas absonderlich Neues gewesen, und so lieferte es denn auch Abends im Lager den Stoff zur Unterhaltung. So wurden mehrere Anekdoten von dem berühmten Grauschimmel erzählt, der sechs, sieben Jahre lang hier herum in der Prairie sich aufgehalten und alle Nachstellungen der Jäger zu Schanden gemacht hatte; es hieß, er könne im Schritt und Paß so rasch gehen als das flüchtigste Roß im schnellsten Laufe. Gleich wunderbare Geschichten hörte man von einem Rappen am Brassis, der einst auf den Prairien am Ufer dieses Flusses in Texas lief. Jahre lang hatte ihm niemand zu Leibe kommen können; sein Ruf verbreitete sich überall hin, man bot für ihn bis auf tausend Dollars; die kühnsten Jäger, die tüchtigsten Reiter stellten ihm unaufhörlich nach, aber vergebens. Endlich wurde er ein Opfer seiner Galanterie; er ward von einer zahmen Stute unter einen Baum gelockt, und hier warf ihm ein in den Aesten versteckter Junge die Schlinge über den Kopf.

Der Fang des wilden Pferdes ist eines der Lieblingsgeschäfte der Volksstämme um die Prairie, und die indischen Jäger remontiren sich hauptsächlich auf diesem Wege. Die wilden Pferde, welche auf diesen ungeheuern, graßbewachsenen Ebenen zwischen dem Arkansas und den spanischen Niederlassungen leben, sind aber nach Farbe und Bau bedeutend verschieden und verrathen dadurch verschiedene Abkunft. Manche gleichen dem gemeinen englischen Schlag und stammen wohl von Pferden, die aus unsern Niederlassungen entlaufen. Andere sind klein, aber stark gebaut, und man glaubt, sie seyen von der mit den spanischen Eroberern herübergekommenen andalusischen Race. Manche mit reicher Phantasie begabte Forscher erblickten in ihnen die Abkömmlinge des arabischen, aus Afrika nach Spanien und von dort hieher verpflanzten Schlags, und gefielen sich im Gedanken, ihre Urväter möchten von jenen reinen Ren=

nern der Wüste gewesen seyn, die dereinst Muhammed und seine kriegerischen Jünger durch den Sand Arabiens trugen.

Allerdings ist es, als ob mit dem Roß auch die Sitten des Arabers herübergekommen wären. Mit Einführung des Pferdes in die ungeheuern Ebenen des Westen erlitt die Lebensweise der Eingebornen eine völlige Umkehrung. Statt in den Tiefen düsterer Wälder zu lauern und sich langweilig zu Fuß durch das verworrene Labyrinth der Wildniß zu winden, wie sein Bruder im Norden, schweift der Indier des Westen über die Ebene hin; fast beständig zu Pferde, führt er ein heiteres, sonnenhelleres Leben auf weiten blumigen Prairien und unter wolkenlosem Himmel.

Ich lag noch spät Abends an des Capitäns Feuer, horchte den Geschichten von den Rennern der Prairien und gab meinen eigenen Gedanken Audienz, da entstand Geschrei und Jubel am andern Ende des Lagers, und es kam die Meldung, Beatte der Mestize habe ein wildes Pferd eingebracht. Im Nu waren alle Feuer leer; das ganze Lager strömte dem Indier und seiner Beute zu. Es war ein etwa zweijähriges Füllen, sehr hübsch gebaut, zart von Gliedern, mit hübschen vorspringenden Augen, feurig und doch sanft. Mit Blicken des Staunens und der Ueberraschung sah es die Leute, die Pferde, die Wachfeuer an, während der Indier, das Ende der Schlinge in der Hand, mit übereinandergeschlagenen Armen vor ihm stand und es, ohne eine Miene zu verziehen, betrachtete. Beatte, wie ich schon früher bemerkt, war von grünlicher Olivenfarbe, und mit seinen scharf ausgeprägten Zügen erinnerte er stark an die Bronzebilder Napoleons, und wie er so mit verschränkten Armen und unverwandtem Blick vor seinem gefangenen Rosse stand, glich er wirklich mehr einer Statue als einem lebenden Menschen. Zeigte sich aber das Pferd im mindesten ungebärdig, sogleich würgte es Beatte mit dem Lariat und zerrte es herüber und hinüber, daß es fast zu Boden fiel; hatte er es so auf eine Weile zur Raison gebracht, so stand er wieder so statuenähnlich wie zuvor und sah es schweigend an. Der ganze Auftritt war wild im höchsten Grade: das dicke Gehölz, stellenweise von den flackernden Feuern beleuchtet, hier und dort die Pferde an die Bäume gebunden, ringsum Wildpret aufgehängt, und in der Mitte der wilde Jäger und sein wildes Roß in einem staunenden Haufen nicht viel weniger wilder Milizen.

Mehrere junge Jäger, leidenschaftlich aufgeregt, suchten das

Pferd durch Kauf oder Tausch an sich zu bringen, und boten sogar übermäßige Summen; aber Beatte schlug alle Anerbietungen aus. „Jetzt bietet ihr viel, sagte er, morgen wollt ihr nicht mehr und sagt: Verdammter Indier!" — Die jungen Leute bestürmten ihn mit Fragen, wie er das Pferd gefangen, aber seine Antworten waren trocken und einsylbig; man sah wohl, es wurmte ihm noch, daß er von den jungen Burschen geringgeschätzt und gehöhnt worden, und zugleich sah er verächtlich auf sie herab, als auf Gelbschnäbel, die vom edlen Waidwerk blutwenig verstanden. Später aber, als er sich bei unserm Feuer niedergelassen, vermochte ich ihn leicht zu einem Bericht über seine Großthat; denn so verschlossen gegen Fremde und so wenig aufgelegt er war, von sich selbst viele Worte zu machen, so hatte er doch, wie alle Indier, seine Zeiten, wo das Eis seiner Schweigsamkeit schmolz.

Er erzählte mir, vom Lager aus sey er an den Platz zurückgekehrt, wo wir das wilde Pferd aus dem Gesicht verloren. Er fand bald seine Spur und verfolgte sie bis zum Flußufer. Hier, wo die Fußstapfen im Sande deutlicher waren, bemerkte er, daß ein Huf zerbrochen und schadhaft war, und so gab er die weitere Verfolgung auf. Auf dem Rückwege zum Lager stieß er auf ein Rudel von sechs Pferden, die sogleich dem Flusse zurannten. Er verfolgte sie über das Wasser, ließ seine Büchse am Ufer zurück, setzte sein Pferd in vollen Lauf und holte die Flüchtigen bald ein. Er versuchte, einem die Schlinge überzuwerfen, aber der Lariat hing sich an ein Ohr und das Pferd schüttelte ihn ab. Die Pferde liefen einen Hügel hinan, er hart hinter ihnen her; da sah er auf Einmal ihre Schweife hoch in der Luft flattern, ein Zeichen, daß sie sich in einen Abgrund hinabwarfen. Zum Anhalten war es zu spät, er machte die Augen zu, hielt den Athem an, und stürzte sich, auf die Gefahr, den Hals zu brechen, mit ihnen hinunter. Es ging zwischen zwanzig und dreißig Fuß tief hinunter, sie langten aber alle glücklich auf Sandboden an.

Es gelang ihm jetzt, einem hübschen jungen Pferde die Schlinge überzuwerfen. Während er so neben ihm her gallopirte, kamen die beiden Pferde links und rechts vor einem jungen Baume vorüber, und das Ende des Lariats ward ihm aus der Hand gerissen. Er faßte es wieder, mußte es aber, da wieder ein Baum im Wege lag, noch einmal fahren lassen. Er wurde desselben auch dießmal wieder habhaft, und da er jetzt auf offeneres Land kam, so konnte er das junge Roß an der Leine zerren, allgemach bändigen, und dahin bringen, wo er seine Büchse gelassen. —— Ein weiteres schweres Stück Arbeit war nun, es über den Fluß zu bringen. Beide Pferde blieben eine Weile im Schlamme stecken, und Beatte kam durch die heftige Strömung und das Sträuben seines Gefangenen beinahe aus dem Sattel. Mit großer Mühe und Anstrengung kam er endlich doch über den Fluß und brachte seine Beute glücklich ins Lager.

Den ganzen Abend herrschte vollends große Aufregung im Lager: man sprach von nichts als vom Pferdefang; unsere ganze Jugend war für diese edle Jagd höchlich eingenommen, und Jeder gedachte im Triumph, auf einem edeln Renner der Prairien vom Feldzuge heimzukehren. Auf Einmal war Beatte ein Mann von großem Gewichte geworden, der vornehmste Jäger, der Held des Tages; die bestberittenen Jäger boten ihm ihre Pferde zur Jagd an, wenn er ihnen Theil am Fange geben wollte. Beatte nahm diese Huldigungen schweigend hin; aber unser plappernder, aufschneiderischer Franzose entschädigte für sein Schweigen, indem er von der Sache so viel Großes zu sagen wußte, als hätte er das Pferd gefangen. Er hielt einen so gelehrten Vortrag über den Gegenstand und schwadronirte so gewaltig über die vielen Pferde, die er schon gefangen, daß man ihn nachgerade als ein Orakel betrachtete, und manche junge Bursche nicht recht wußten, ob sie ihn nicht sogar über den einsylbigen Beatte stellen sollten.

Die Aufregung hielt das Lager länger wach als sonst; an allen Feuern war ein Gesumme, hin und wieder von schallendem Gelächter unterbrochen, und es mußte tief in der Nacht seyn, bevor alles eingeschlafen war.

Mit dem grauenden Morgen ging es von Neuem los, und Beatte und sein wildes Pferd waren wieder Lagergespräch und Gegenstand der allgemeinen Aufmerksamkeit. Das gefangene Pferd war die Nacht über unter die andern an einen Baum gebunden worden; jetzt führte es Beatte wieder vor an einer langen Halfter oder Lariat, und wenn es sich im mindesten unartig zeigte, ward es durch Zerren mürbe gemacht. Es schien gutartig und gelehrig, und sein Auge hatte einen wohlgefälligen Ausdruck von Sanftmuth. Es war, als ob das arme Thier in dem völlig ungewohnten, hülflosen

Zustande sich sogar bei dem Pferde, das es hatte fangen helfen, nach Schutz und Freundschaft umsähe.

Da Beatte sah, wie sanft und gutartig es war, band er ihm, just da wir aufbrechen wollten, einen leichten Pack auf den Rücken, als erste Unterweisung im Sklavendienste. Ob diesem Schimpf aber empörte sich der natürliche Stolz und das Freiheitsgefühl des Thiers; es bäumte sich, schlug hinten und vorn aus, und suchte auf jede Weise der schmählichen Bürde los zu werden. Es vermochte nichts gegen die Uebermacht des Indiers; bei jedem neuen Ausbruche wiederholte er das Spiel mit der Halfter, bis endlich das arme Thier, zur Verzweiflung getrieben, sich platt auf den Boden niederwarf und regungslos liegen blieb, als gäbe es sich überwunden. Ein Bühnenheld, der die Verzweiflung eines gefangenen Prinzen darzustellen hätte, könnte seine Rolle nicht dramatischer spielen; der Auftritt hatte moralisch wirklich etwas Großartiges.

Der eiskalte Beatte schlug die Arme übereinander und blickte eine Zeit lang schweigend auf das Pferd nieder; als er aber sah, daß es vollkommen gebändigt war, nickte er sachte mit dem Kopfe, verzog seinen Mund zu einem triumphirenden Lächeln, und gab ihm mit einem Zug an der Halfter das Zeichen zum Aufstehen. Es gehorchte, und setzte sich von nun an nicht wieder zur Wehre. Im Laufe dieses Tages trug es geduldig seinen Pack und ward an der Halfter geführt; aber nach zwei Tagen schon lief es frei mit den überzähligen Pferden in unserm Zuge.

Ich konnte das hübsche junge Thier, dessen ganzer Lebenslauf eine so plötzliche Umkehr erlitten, nicht ohne Mitleid betrachten: kaum noch ein freier Bürger dieser ungeheuren Weiden, der ungebunden von Ebene zu Ebene, von Anger zu Anger schweift, von jedem Kraute, von jeder Blume kostet, aus allen Strömen trinkt, und jetzt auf Einmal zu ewiger harter Sklaverei, zu Zaum und Geschirr verurtheilt, vielleicht gar in Lärm und Staub und Frohndienst unserer Städte! Der Wechsel seines Schicksals war gerade, wie es ja auch im Menschenleben geht, wo das Glück solcher, die sich hoch dünken, so oft plötzlich umschlägt: heute ein Fürst der Praizien, morgen ein Packpferd.

Wir verließen das Lager vom wilden Pferd um ein Viertel vor acht Uhr, und gelangten, nachdem wir drei, vier Meilen fast gerade südwärts gesteuert, an das Ufer des Red=Fork, unserer Schätzung nach mehr als fünfundsiebzig Meilen über seiner Mündung. Der Fluß war etwa dreihundert Yards breit und wand sich durch Sandbänke und Untiefen. Die Ufer und die langen, in den Strom anspringenden Bänke waren, wie gewöhnlich, mit den Spuren verschiedenartiger Thiere bedeckt, welche herabgekommen, um über das Wasser zu setzen oder zu trinken.

Hier machten wir Halt, und es ward viel darüber hin und her gesprochen, ob man den Fluß sicher passiren könne, denn man besorgte Triebsand. Während des Streits kam Beatte dazu, der weiter hinten im Zuge gewesen war; er ritt sein Pferd vom halb=wilden Schlag und hatte sein gefangenes an der Hand. Er übergab letzteres Toni, trieb, ohne ein Wort zu sagen, sein Roß in den Fluß und kam glücklich hinüber. So war des Mannes Weise bei allem; alles that er rasch, mit Entschlossenheit, ohne Worte, ohne zuvor etwas zu versprechen oder nachher des Gethanen sich zu rühmen. Die Truppe folgte jetzt Beatte's Vorgang und erreichte das Ufer gegenüber ohne Unfall, außer daß ein Packpferd, das etwas vom Pfad abkam, beinahe im Triebsande versunken wäre, und nur mit Mühe aus Land geschafft wurde.

Als wir über den Fluß waren, hatten wir uns fast eine Meile weit durch einen Rohrbruch, der auf den ersten Blick eine undurchdringliche Masse von Schilf und Gestrüpp schien, unsern Weg zu bahnen. Das war ein mühseliges Geschäft; unsere Pferde standen oft bis zum Sattelgurt im Schlamm und Wasser, und Mann und Roß wurden von Dornen und Strauchwerk gehindert und zerrissen. Wir trafen indessen auf einen Büffelpfad, wanden uns so endlich aus dem Moraste heraus und erstiegen eine Landhöhe, wo wir ein schönes, offenes Land vor uns ausgebreitet sahen, während zu unserer Rechten jener Waldgürtel, Croß=Timber genannt, so weit das Auge reichte, gegen Süden fortstrich. Der Capitän hatte den Plan, sich gegen Südwest bei Süd zu zu halten, und den Croß=Timber schief zu durchziehen, so daß man am Rande der großen westlichen Prairie herauskäme. Indem er sich so etwas südlich hielt, gedachte er, während man den Waldgürtel durchzog, zugleich dem Red=River nahe zu kommen.

Sinnreich war dieser Plan immerhin, aber der Capitän schoß dabei fehl, weil ihm die Beschaffenheit des Landes unbekannt war. Hätte er sich geradezu westwärts gehalten, so wären wir in ein paar Tagen durch den waldigen Landstrich durchgewesen, und hätten dann gemächlich am Rande der obern Prairien dem Red=River zuziehen können; jetzt, da wir schief durchgingen, hatten wir uns manchen sauern Tag durch rauhe Wälder, die kein Ende nehmen wollten, durchzuschleppen.

Der Croß=Timber ist etwa vierzig Meilen breit und streicht über ein unebenes, gehügeltes Land, bedeckt mit zerstreuten Eichwäldern, mit Thälern inzwischen, die zur rechten Jahreszeit gute Weide geben. An vielen Stellen schneiden tiefe Schluchten durch, welche zur Regenzeit die Betten von Waldströmen sind, die den Hauptflüssen zulaufen. In der guten Jahreszeit, wenn der Boden mit Gras und Kraut bedeckt ist, wenn die Bäume grün belaubt und die Schluchten von strömenden Wassern belebt sind, mag der ganze Landstrich einen freundlichen Eindruck machen. Leider betraten wir ihn zu spät im Jahre, das Gras war dürr, der ganze Wald, so weit das Auge reichte, trübselig braun gefärbt. Die in den Prairien von den indischen Jägern angesteckten Feuer waren nicht selten in diese Forsten gedrungen, hatten sich streifenweis im dürren Grase fortverbreitet, die untern Aeste und Zweige der Bäume versengt und verkohlt, so daß sie schwarz und hart dastanden, und Mann und Roß, wenn man sich durchdrängen mußte, sich daran rissen. Nimmer will ich die schreckliche Mühseligkeit, die Leiden für Körper und Geist vergessen, denen wir uns hin und wieder auf unserm Zuge durch den Croß=Timber zu unterziehen hatten; es war, als müßte man sich durch einen Wald von Gußeisen durcharbeiten.

Nach einem beschwerlichen Marsche von mehreren Meilen kamen wir auf eine offene, gehügelte, mit Forsten durchschnittene Landschaft heraus. Hier wurden wir durch das Geschrei: Büffel! Büffel! munter gemacht; es wirkte ungefähr wie zur See der Ruf: ein Segel! Es war kein falscher Lärm: man sah drei bis vier ungeheure Thiere der Art zu unserer Rechten am Abhang eines fernen Hügels weiden. Alles kam in Bewegung und wollte davonjagen, und nur mit Mühe konnte das Feuer unserer jungen Leute gebändigt werden. Der Capitän gab Ordre, man solle geschlossen weiter marschiren, und machte sich mit zwei Officieren, mit Beatte und Toni auf; denn der kleine Franzmann ließ sich absolut nicht mehr im Zaume halten, und der Drang, eine Probe seiner Gewandtheit und Tapferkeit auf der Büffeljagd abzulegen, machte ihn schier toll.

Bald schoben sich Hügel zwischen uns und Wild und Jäger. Wir ritten weiter und sahen uns nach einem Lagerplatz um, der nicht leicht zu finden war, weil fast alle Rinnsale der Bäche trocken lagen, und es in der Gegend keine Quellen gab. Nach einer Weile ließ sich wieder das Geschrei: Büffel! hören, und man wies auf ihrer zwei zu unserer Linken. Da der Capitän nicht da war, ließ sich die Jagdlust der jungen Jäger nicht mehr bändigen. Mehrere jagten im vollen Galopp davon und verschwanden bald in den Schluchten; der große Haufe zog weiter, um einen schicklichen Lagerplatz verlegen.

Und wirklich wurden uns nun die Nachtheile der späten Jahreszeit immer fühlbarer. Die Weide auf den Prairien war mager, das Gras dürr, die wilden Reben, welche in den Wäldern wachsen, verdorrt, und die meisten Wasser ausgetrocknet. Während wir so umhersuchten, holte uns der Capitän mit den Seinigen ein, Toni ausgenommen. Sie hatten die Büffel eine Strecke weit verfolgt, ohne zum Schusse kommen zu können, und die Jagd sodann aufgegeben, um ihre Pferde nicht zu ermüden oder zu weit vom Lager abzukommen. Aber der kleine Franzose hatte ihnen wie toll nachgejagt, und zuletzt sahen sie noch, wie er, Raa an Raa und Bord an Bord, mit einem großen Büffelochsen angebunden und ihm eine volle Lage gab. „Ich glaube, der kleine Kerl ist närrisch," sagte Beatte trocken.

―――

Wir machten endlich Halt und mußten uns mit einem mittelmäßigen Lagerplatze begnügen, in einem Walde von verkrüppelten Eichen, am Rand einer tiefen Schlucht, in welcher unten einige Wasserlachen standen, hart am Fuß eines sanft aufsteigenden Hügels, mit halbverdorrtem Grase bedeckt, das eine magere Weide bot. Am Fleck, wo wir zunächst gelagert, zeigte sich das Gras hoch und dürr. Die Aussicht war beinahe ringsum durch sanfte Anhöhen beschränkt.

Eben da wir lagerten, kam Toni voll Jubel von seiner Jagdpartie zurück; sein Schimmel war rings mit Büffelfleisch behängt. Seinem Berichte nach hatte er zwei mächtige Ochsen ins Gras gelegt; wie gewöhnlich zogen wir von seinen Großsprechereien die Hälfte ab; jetzt aber, da er sich in Wahrheit auf etwas zu gut thun konnte, war seiner fertigen Zunge vollends gar kein Einhalt zu thun.

Nachdem er durch Ausmalen seiner Großthat seine Eitelkeit einigermaßen befriedigt, sagte er uns, er habe frische Pferdespuren bemerkt, die er, mehreren Umständen nach, einer Streifbande von Pawnees zuschreiben möchte. Dieß verbreitete einige Unruhe; die jungen Leute, welche den zwei Büffeln nachgesetzt hatten, waren noch nicht zurück; man äußerte die Besorgniß, sie könnten angegriffen worden seyn. Auch unser Veteran, der alte Ryan, war, sobald wir zum Lagern Halt gemacht, mit einem jungen Lehrling zu Fuß fortgegangen. „Der alte Mann," sagte Beatte, „ruht nicht, bis ihm die Pawnees das Hirn einschlagen; er will alles verstehen, aber die Pawnees kennt er nicht."

Der Capitän machte sich mit seiner Büchse auf, um von der freien Höhe eines benachbarten Hügels die Gegend zu übersehen. Zugleich fesselte man die Pferde und ließ sie im Felde daneben grasen, man hieb Holz, machte Feuer an und rüstete das Abendessen.

Auf Einmal entstand Feuerlärm im Lager. Eines der hell lodernden Feuer hatte das hohe dürre Gras in Brand gesteckt, es ging ein Wind, und in kurzer Zeit konnte das ganze Lager in lichten Flammen aufgehen. „Seht nach den Pferden!" schrie der Eine; „das Gepäcke weg!" ein Anderer; „lauft nach Büchsen und Pulverhörnern!" ein Dritter; alles war in größtem Aufruhr. Die Pferde rannten wild umher, hier flüchtete man eilends Büchsen und Pulver, dort schleppte man Sättel und Satteltaschen weg; ans Löschen dachte kein Mensch, und niemand wußte auch, wie dieß anfangen. Da machten sich Beatte und seine Cameraden auf indische Manier ans Werk; sie warfen Tücher und Pferdedecken auf die Ränder des Feuers, um zu verhindern, daß es im Grase nicht weiter greife; die Jäger folgten ihrem Beispiel, und so war in Kurzem die Brunst glücklich gedämpft. Die Feuer wurden nun vorsichtig auf Stellen angezündet, wo man das dürre Gras zuvor weggeschafft. Toni machte sich daran, uns von seinem Büffelfleisch ein treffliches Abendessen zu bereiten; er versprach uns eine kräftige Suppe und ein köstliches Stück Roastbeef; wir sollten aber einen zweiten, ernstlichern Schreck erleben.

Auf dem Hügel oben hörte man ein verworrenes Geschrei von mehrern Jägern, wovon wir nur die Worte verstanden: "Die Pferde! die Pferde! thut die Pferde ein!" Jetzt schrie alles durcheinander, Fragen, Antworten kreuzten sich verworren, so daß man gar nicht wußte, was es gab und jeder auf seine Faust Schlüsse machte.

"Der Capitän hat Büffel aufgejagt," rief der Eine, "und hat keine Pferde, sie zu jagen." Im Augenblick griff ein Trupp Jäger zu den Büchsen und eilte der Spitze des Hügels zu. "Die Prairie hinter dem Berge steht im Feuer!" schrie ein Anderer; "ich sehe den Rauch. Der Capitän meint, wir sollen die Pferde über den Bach treiben."

Allermittelst kam ein Jäger den Hügel herab ins Lager gelaufen. Er war fast athemlos und brachte nur heraus, der Capitän habe in der Entfernung Indier bemerkt.

"Pawnees! Pawnees!" schrie jetzt unsere ganz tolle Jugend zusammen. — "Treibt die Pferde ins Lager!" hieß es hier; "sattelt die Pferde!" hieß es dort; "angetreten!" befahl ein Dritter. Der Lärm, die Verwirrung geht über alle Beschreibung. Die Jäger liefen auf dem Feld herum, die Pferde einzufangen; da sah man den Einen sein Pferd an der Halfter vorwärts zerren, ein Anderer sprengte im bloßen Kopf auf dem nackten Pferd einher, ein Dritter trieb ein Pferd, das noch die Fesseln an den Beinen hatte und unbehülfliche Sprünge machte wie ein Känguruh.

Die Verwirrung wurde immer toller. Vom untern Ende des Lagers kam die Nachricht, in einem Thal in der Nähe stecke eine Bande Pawnees. "Den alten Ryan haben sie durch den Kopf geschossen; dem, der bei ihm war, sind sie auf den Fersen!" — "Nicht der alte Ryan ist todt, sondern einer der Jäger, die den zwei Büffeln nachgegangen sind." — "Dreihundert Pawnees stehen gerade hinter dem Berge!" erscholl eine Stimme; "mehr! mehr!" rief eine andere.

Rings von Hügeln eingeschlossen, konnten wir gar nicht weit hinaussehen, und so blieben wir allen diesen Gerüchten preisgegeben. Man glaubte einen grausamen Feind in nächster Nähe, und mußte jeden Augenblick eines Angriffs gewärtig seyn. Allermittelst waren die Pferde ins Lager getrieben, liefen unter den Feuern herum und traten das Gepäcke mit Füßen. Alles dachte darauf, sich zum Kampfe zu rüsten; aber das war keine leichte Sache. Beim Feuerlärm vorhin waren Sättel, Zäume, Büchsen, Pulverhörner und andere Waffenstücke von ihren Plätzen gerissen und in der Eile unter die Bäume zusammengeworfen worden. „Wo ist mein Sattel?" hörte man hier einen fragen; „hat niemand meine Büchse gesehen?" rief ein Anderer; „wer leiht mir eine Kugel?" ein Dritter, der sein Gewehr lud; „ich habe meinen Kugelbeutel verloren." — „Um Gottes willen!" klagte dort Einer, „helft mir das Pferd gürten! es ist so stätisch; ich kann nicht mit ihm fertig werden!" In der Hast hatte er den Sattel verkehrt aufgelegt.

Manche schwadronirten und machten große Worte, Andere sprachen nichts, rüsteten aber besonnen ihre Pferde und Waffen, und diese flößten mir am meisten Vertrauen ein. Auf Mehrere wirkte der Gedanke, mit Indiern handgemein zu werden, sichtbar erhebend und begeisternd, und auf keinen so sehr als auf meinen jungen Reisegefährten, den Schweizer, der einmal leidenschaftlich für wilde Abenteuer eingenommen war. Unser Diener Beatte führte seine Pferde hinten ins Lager, lehnte seine Büchse an einen Baum und setzte sich dann schweigend ans Feuer. Der kleine Toni dagegen, der emsig kochte, unterbrach sein Geschäft jeden Augenblick, um den Fanfaron zu spielen; er sang, er fluchte, und war ganz auffallend lustig, was mich gar sehr argwohnen ließ, bei dieser Beweglichkeit möchte ein klein wenig Angst im Spiele seyn.

Etwa ein Duzend Jäger machte sich, nachdem sie so rasch als möglich ihre Pferde gesattelt, auf, der Gegend zu, wo die Pawnees die Jäger sollten angegriffen haben. Es ward nun beschlossen, falls unser Lager angegriffen werden sollte, die Pferde hinten in die Schlucht zu bringen, wo sie außerhalb des Bereichs von Pfeilen oder Kugeln waren, und uns selbst am Rande der Schlucht aufzustellen. Diese diente als Graben, und im Dickicht und hinter den Bäumen, die sie einsäumten, konnten wir uns gehörig gegen die Geschosse des Feindes decken. Zudem hüten sich die Pawnees wohl, eine solche Stellung anzugreifen; ihr eigentliches Schlachtfeld ist, wie ich schon oben bemerkt, die offene Prairie, wo sie auf ihren flüchtigen Rossen, gleich Geyern über ihre Feinde herfallen, oder sie umschwärmen und ihre Pfeile

auf

auf sie abschießen könnten. Trotz dem konnte ich mir nicht verbergen, daß, war wirklich ein so starker Haufe dieser gut berittenen, kriegerischen Wilden in der Nähe, und wurden wir von ihnen angegriffen, die Unerfahrenheit unserer neugeworbenen Mannschaft, ihr Mangel an Kriegszucht, ja selbst der Muth mancher jüngern unter ihnen, deren Sinn auf Abenteuer und Kriegsthaten stand, uns keiner geringen Gefahr aussetzten.

Allermittelst langte der Capitän im Lager an, und alles drängte sich neugierig um ihn her. Er erzählte, er sey auf seinem Streifzuge ziemlich weit gekommen, und habe langsam längs des Grats einer kahlen Anhöhe seinen Rückweg ins Lager eingeschlagen, da sey ihm oben auf einem Hügel gegenüber etwas aufgefallen, das ausgesehen wie ein Mensch. Er blieb stehen und sah scharf hinüber; das Ding stand aber so regungslos, daß er es für einen Busch oder den Wipfel eines Baums an der andern Seite der Anhöhe hielt. Er ging weiter, da rückte es gleichfalls in derselben Richtung fort. Jetzt tauchte noch eine zweite Gestalt daneben auf, als wenn einer bisher am Boden gelegen, oder eben über die Anhöhe herübergekommen wäre. Der Capitän hielt an und sah hinüber; sie blieben gleichfalls stehen. Er legte sich sodann ins Gras; da gingen sie weiter; als er wieder aufstand, blieben sie wieder stehen, wie wenn sie ihn beobachteten. Er wußte, daß die Indier ihre Lauerposten auf diese Weise auf kahlen Anhöhen aufstellen, wo man eine weite Aussicht beherrscht, und die verdächtigen Bewegungen der Leute mußten ihn vollends stutzig machen. Er steckte jetzt seine Mütze auf die Büchse und schwenkte sie in der Luft; sie achteten nicht auf das Signal. Er schritt nun zu und betrat ein Gehölz, das ihn jenen aus dem Gesicht brachte. Nach einer Weile sah er wieder hinüber, und jetzt bemerkte er, daß die beiden Leute rasch vorwärts eilten. Da die Anhöhe, auf der sie gingen, in einem Bogen auf diejenige zulief, wo er selbst sich befand, so war es, als ob sie ihm den Rückweg ins Lager abschneiden wollten. Er muthmaßte jetzt, sie könnten zu einem starken Haufen Indier gehören, die entweder im Hinterhalt lägen, oder im Thale hinter der Anhöhe hinzögen; er eilte daher nach Hause zu kommen, und da er auf einer Anhöhe zwischen sich und dem Lager ein paar Jäger gewahrte, so rief er ihnen zu, sie sollten ins Lager eilen und die Pferde eintreiben lassen, weil nach diesen die Indier in der Regel zu allererst zu greifen pflegen.

So war der Lärm entstanden, der das ganze Lager in Aufruhr gebracht. Viele, die des Capitäns Erzählung hörten, zweifelten nicht daran, daß die Leute auf dem Hügel Vorposten der Bande von Pawnees gewesen, die unsere Jäger niedergeworfen. Von Zeit zu Zeit hörte man in der Ferne Schüsse fallen; man dachte nicht anders, als sie rührten von dem Detaschement her, das fortgeeilt, die Cameraden zu befreien. Noch mehrere Jäger, die jetzt mit ihrer Rüstung fertig waren, sprengten in der Richtung des Feuers davon, andere sahen ängstlich und verlegen aus. Einer meinte: „Sind ihrer so viele, als man sagt, und so gut beritten, wie sie immer sind, so wird es uns auf unsern müden Rossen schlecht ergehen." — „Ei," erwiderte der Capitän, „unser Lager ist fest, wir können schon eine Belagerung aushalten." — „Ja doch, aber bei Nacht stecken sie die Prairie in Brand, und brennen uns aus unserem Lager heraus." — „Dann zünden wir Gegenfeuer an."

Jetzt ward gemeldet, ein Reiter komme auf das Lager zu. — „Es ist einer von den Jägern! — Es ist Clemens! — Er bringt Büffelfleisch!" so hieß es durcheinander, während der Reiter näher kam. Und es war wirklich einer der Jäger, die am Morgen den zwei Büffeln nachgesetzt. Er ritt ins Lager, sein Pferd rings behängt mit Jagdbeute, hinter ihm her seine Cameraden, alle frisch und gesund und gleichfalls tüchtig beladen. Sie erzählten nun, wie lange sie hinter den zwei Büffeln her gewesen, und wie viele Schüsse es sie gekostet, bis sie einen erlegt.

„Gut, aber die Pawnees — wo sind die Pawnees?" — „Was für Pawnees?" — „Die euch angefallen!" — „Uns hat kein Mensch angefallen." — „Ihr habt aber doch Indier gesehen unterwegs?" — „Ja, ja, zwei von uns stiegen auf eine Anhöhe, um nach dem Lager auszuschauen, und sahen auf einem Hügel gegenüber einen Kerl, der närrische Fratzen machte, allem nach war das ein Indier." — „Pah, das war ich!" rief der Capitän.

Jetzt war alles am Tage: der ganze Lärm rührte vom beiderseitigen Irrthum des Capitäns und der Jäger. Die Geschichte von den dreihundert Pawnees und ihrem Angriff auf unsere Jäger erwies sich als eine muthwillige Erdichtung, von der man weiter keine Notiz mehr nahm, obgleich der Urheber wohl verdient hätte ausgemittelt und streng bestraft zu werden.

Da es jetzt lediglich keinen Anschein hatte, als ob es zum Ge=

fechte kommen sollte, so dachte jedermann ans Essen, und in diesem Punkte wirkten alle Magen im Lager einträchtig zusammen. Toni trug uns seine versprochenen Leckerbissen, Büffelsuppe und Braten auf. Die Suppe war furchtbar gepfeffert, und was den Roast= beef betrifft, so mußte der Ochs ein Patriarch der Prairie gewesen seyn; in meinem Leben habe ich keine zähern Bissen gekaut. Indes= sen war es unsere erste Schüssel Büffelfleisch, und so aßen wir mit lebendigem Glauben; auch ließ uns unser kleiner Franzmann keine Ruhe, bis wir ausdrücklich die Trefflichkeit seiner Kocherei aner= kannt, obgleich der Pfeffer uns in den Hals hinein Lügen strafte.

Die Nacht brach an, ohne daß der alte Ryan und sein Beglei= ter zurückkamen. Wir hatten uns indessen an das Herumstreifen dieses alten Waldhahns gewöhnt, und so ward seinetwegen keine Besorgniß geäußert. Nach dem beschwerlichen Marsch und der Auf= regung den Tag über sank bald das Lager in tiefen Schlaf, die Schildwachen ausgenommen, die schärfer auf der Hut waren als gewöhnlich; denn die neuerlich wahrgenommenen Spuren von Paw= nees und der Umstand, daß wir uns jetzt mitten in ihrem Jagdge= biete befanden, machten strenge Wachsamkeit zur Pflicht. Gegen halb eilf Uhr wurden wir alle durch einen neuen Allarm aus dem Schlaf aufgeschreckt. Eine Schildwache hatte ihr Gewehr losge= schossen und war ins Lager gerannt, mit dem lauten Geschrei, es seyen Indier um den Weg.

Im Nu war alles auf den Beinen; der Eine griff nach der Büchse, der Andere machte sich auf, sein Pferd zu satteln; viele eilten zu des Capitäns Quartier, wurden aber zu ihren Feuern zu= rückgewiesen. Man befragte die Schildwache: der Mann versicherte, er habe einen Indier auf allen Vieren auf sich zukriechen sehen, da= her er Feuer auf ihn gegeben und ins Lager gelaufen. Der Capi= tän meinte, der vermeintliche Indier werde ein Wolf gewesen seyn; er gab dem Mann einen Verweis, daß er seinen Posten verlassen, und schickte ihn wieder hinaus. Manche schienen gar sehr geneigt, dem Berichte der Wache Glauben zu schenken; denn die Vorfälle den Tag über hatten sie für die Furcht vor lauernden Feinden und plötzlichem Ueberfall in finsterer Nacht empfänglich gemacht. Lange noch saßen sie um ihre Feuer, die Büchse in der Hand, leise mit einander wispernd und hinhorchend, ob es nicht wieder etwas gebe. Es fiel indessen nichts weiter vor; allgemach erstarben die Stim=

nen, die Plauderer nickten, schlummerten, entschliefen, und nach und nach sanken Schlaf und Stille wiederum auf das ganze Lager herab.

Als wir am Morgen (23 October) unsre Mannschaft musterten, würde der alte Ryan nebst seinem Cameraden noch immer vermißt; aber der Capitän war so gewiß überzeugt, daß sich der gewandte alte Jäger überall zu helfen wissen werde, daß er es für nöthig hielt, seinetwegen irgend etwas zu verfügen. Unser Weg führte uns diesen Tag fortwährend durch ein rauhes, unebenes Land, mit braunen, trübseligen Eichwäldern und tiefen, ausgetrockneten Strombetten. Die entfernten Feuer in den Prairien nahmen sichtlich überhand; der Wind hatte schon seit mehreren Tagen aus Nordwest geweht, und die ganze Atmosphäre war voll Rauch, wie mitten im indischen Sommer, so daß man in geringer Entfernung die Gegenstände nur schwer unterschied.

Im Laufe des Morgens setzten wir über einen tiefen Strom mit einem vollständigen Biberdamm, über drei Fuß hoch, der einen großen Teich bildete, und ohne Zweifel mehrere Haushaltungen dieser fleißigen Thiere beherbergte, obwohl kein inziges seine Schnauze über dem Wasser zeigte. Der Capitän litt nicht, daß das amphibische Gemeinwesen beunruhigt wurde. Wir kamen jetzt fortwährend auf Spuren von Büffeln und wilden Pferden; die erstern liefen insgesammt südwärts, wie wir an der Richtung des niedergetretenen Grases abnehmen konnten. Wir befanden uns hier offenbar auf der großen Heerstraße der wandernden Heerden, sie waren aber größtentheils schon weiter nach Süden gezogen.

Beatte, der meistens ein paar hundert Yards von unserer Marschlinie neben derselben ritt, um sich nach Wild umzusehen, und jede Fährte mit dem erfahrnen Auge des Indiers betrachtete, meldete, er sey auf eine sehr verdächtige Spur gestoßen, nämlich auf Fußstapfen von Leuten mit Pawnee-Mocassins. Er hatte daran den Geruch von Sumach und Tabak untereinander, wie die Indier sie für ihren Gebrauch zu mischen pflegen, bemerkt. Ferner hatte er Pferdespuren entdeckt, darunter die Fährte eines Hundes, und in Sand einen Streif, wie ihn ein schleppender Strick macht, höchst wahrscheinlich vom langen Zaume herrührend, dessen eines Ende der indische Reiter auf dem Boden nachschleifen läßt. Offenbar waren es keine Spuren von wilden Pferden. Ich wurde jetzt aufs neue um unsern alten Jäger Ryan besorgt; denn ich hatte den alten, ächten Lederstrumpf sehr lieb gewonnen; alle aber versicherten zuversichtlich, Ryan, wo er auch stecken möge, sey wohlbehalten und wisse seiner wahrzunehmen.

Der größere Theil eines beschwerlichen Tagemarsches lag hinter uns, und wir zogen über eine offene Stelle im Eichwalde, da wurden wir sechs wilde Pferde ansichtig, unter denen mir besonders zwei als ausgezeichnet schön auffielen, ein Grau- und ein Rothschimmel. Sie kamen einhergestiegen, die Köpfe hoch, mit langen, prächtigen Schweifen, stolze Gegenbilder unserer armen, muthlosen, abgetriebenen Rosse. Nachdem sie uns einen Augenblick betrachtet, setzten sie sich in Galopp, sprengten durch ein bewaldetes Thal, und nach einer kleinen Weile kamen sie uns wieder zu Gesicht, wie sie, etwa eine Meile weit weg, einen Abhang hinantrabten. Der Anblick dieser Pferde war wieder eine harte Geduldsprobe für den windigen Toni, der Lariat und Gabelstock zur Hand hatte und im Begriffe war, auf seinem abgehetzten Rosse hinauszujagen, bis er wieder hintenan zu den Packpferden commandirt wurde.

Nach einem Tagemarsche von vierzehn Meilen in südwestlicher Richtung lagerten wir am Ufer eines kleinen, klaren Wassers am nördlichen Saume des Croß-Timber, am Rande jener weiten Prairien, die sich bis zum Fuße der Rocky-Mountains erstrecken. Als man die Pferde auf die Weide laufen ließ, verstopfte man die Schellen mit Gras, damit ihr Geklingel nicht eine wandernde Horde von Pawnees aufmerksam mache.

Unsere Jäger machten sich bald nach verschiedenen Seiten auf, hatten aber eben nicht viel Glück, denn es ward nur ein einziges Stück Rothwild ins Lager gebracht. Ein junger Jäger wußte von seinen Abenteuern eine lange Geschichte zu erzählen. Am Dickicht einer tiefen Schlucht hatte er einen Bock angeschossen und hörte ihn deutlich in die Büsche fallen. Er blieb stehen, um das Schloß seiner Büchse, das nicht in Ordnung war, festzumachen und sie wieder zu laden, und betrat sodann das Dickicht, um sein Wild zu suchen, da hörte er ein leises Brummen. Er bog die Zweige zur Seite, schlich leise vorwärts und blickte in die

Schlucht hinab; da sah er, wie ein gewaltiger Bär seinen Bock im trocknen Bett eines Baches fortschleppte, und vier, fünf dienstfertigen Wölfen, welche ihm über den Hals gekommen schienen, um sein Abendbrod mit ihm zu theilen, entgegen brummte und knurrte. Der Jäger gab Feuer auf den Bären, fehlte ihn aber; Braun blieb Meister des Terrains und der Beute und schien zum Kampfe gerüstet; auch die Wölfe, die sichtbar gewaltig hungrig waren, kamen ganz nahe heran. Da die Nacht einbrach, wurde dem jungen Jäger am finstern, wilden Ort in der seltsamen Gesellschaft doch unheimlich; er räumte also das Feld und kam mit leeren Händen ins Lager, wo er, als seine Geschichte zu Ende war, von seinen erfahrnern Cameraden tüchtig ausgelacht wurde.

Im Laufe des Abends langte der alte Ryan mit seinem Lehrling im Lager an, und wurde, wie gewöhnlich, herzlich bewillkommt. Er hatte sich gestern auf der Jagd verirrt, die Nacht über bivouakirt, am Morgen aber unsere Spur gefunden und sie verfolgt. Er hatte ein wenig beim Biberdamm verweilt und die Kunst und Festigkeit des Bauwerks bewundert. „Diese Biber," sagte er, „sind fleißige Bursche, das geschickteste Geschmeiß, das ich weiß, und ich stehe dafür, der Damm stack ganz voll." — „Ja," erwiderte der Capitän, „ich glaube gewiß, die meisten Flüsse, über die wir gekommen, sind voll von Bibern. Gern möchte ich einmal hieher kommen und den ganzen Winter Biber fangen." — „Aber," fragte einer der Anwesenden, „müßtet Ihr da nicht fürchten, von Indiern angefallen zu werden? — „O was das anlangt, wäre es zur Winterszeit hier sicher genug. Hieher kommen keine Indier vor Frühjahr. Nur ihrer zwei brauchte ich bei mir zu haben; zu drei fährt man besser beim Biberfang, als wenn ihrer mehr sind. Man kann der Ruhe pflegen und braucht nur selten ein Gewehr loszuschießen. An einem Bären haben sie auf zwei Monate genug zu essen, wenn man alles daran sich zu Nutze macht."

Jetzt ward hinsichtlich unsers weitern Zugs Rath gepflogen. Wir hatten bis jetzt den Curs gegen Westen gehalten, und befanden uns nun, nachdem der Croß=Timber hinter uns lag, am Saume der großen westlichen Prairie. Aber immer waren wir noch in einer rauhen Gegend, die schlechten Unterhalt bot. Es war spät im Jahre, das Gras vertrocknet, und die Weide auf den Prairien vorbei. Auch die Reben in den Gründen, von denen sich unsere Pferde auf der Reise zum Theil genährt, waren dürr, und seit mehreren Tagen hatten die armen Thiere an Muth wie an Fleisch kläglich abgenommen. Die Feuer der Indier rückten von Nord, Süd und West gegen uns heran; sie konnten sich auch von Osten her ausbreiten, und eine verkohlte Einöde zwischen uns und der Gränze lassen, wo unsere Pferde vor Hunger umkommen mußten. Man beschloß daher, nicht weiter gegen Westen vorzudringen, sondern sich mehr ostwärts zu wenden, um so bald als möglich den nördlichen Lauf des Canadian=Flusses zu erreichen; dort hofften wir junges Rohr in Menge zu finden, das zu dieser Jahreszeit das nahrhafteste Futter für die Pferde abgibt und zugleich ungeheure Schaaren von Wild herbeilockt. Hier also erreichte unser Zug im fernen Westen sein Ende, nicht viel über einen Tagemarsch von der Gränze von Teras.

───────

Schön und klar brach der Morgen an, aber im Lager herrschte nicht mehr die alte Munterkeit; mit dem Hühnerhofconcert war es aus, da krähte kein Hahn, da bellte kein Hund, nirgends Gesang oder Gelächter; jeder ging ruhig und ernst seinem Geschäfte nach. Die Expedition verlor nachgerade den Reiz der Neuheit, manche unserer jungen Leute waren bald so matt wie ihre Rosse, und die meisten, des Jagdlebens ungewohnt, fingen an, die Entbehrungen desselben schwer zu empfinden. Was ihnen am wehesten that, war der Mangel an Brod; denn ihre Mehlrationen waren auf mehrere Tage erschöpft. Die alten Jäger, die schon oft in diesem Falle gewesen, machten sich wenig daraus, und Beatte, der sich unter den Indiern gewöhnt, Monate lang ohne Brod zu leben, betrachtete es als einen bloßen Luxusartikel. „Brod," sagte er, „ist was für Kinder."

Ein Viertel vor acht Uhr wandten wir dem fernen Westen den Rücken und zogen in südwestlicher Richtung ein hübsches Thal entlang. Nach einigen Meilen rief Beatte, der auf dem Rücken eines kahlen Hügels zu unsrer Rechten hinritt, uns zu und machte Zeichen, als ob etwas um den Hügel herum auf uns zu käme. Einige in meiner Nähe schrieen, es sey eine Bande Pawnees. Ein Streifen Dickicht verhinderte uns, den vermeintlichen Feind kommen zu sehen; wir hörten ein Getrappel im Gestrüpp; mein Pferd blickte hin, schnaubte und spitzte die Ohren; da rauschten zwei große Büffelochsen, welche Beatte aufgescheucht, heraus, gerade auf uns zu. Als sie unser ansichtig wurden, wandten sie um und ranuten durch ein schmales Thal zwischen Hügeln. Im Augenblick krachte ein halb Dutzend Büchsen, allgemeines Geschrei und Halloh, die halbe Truppe Hals über Kopf auf und davon, ihnen nach, auch ich darunter. Die meisten hielten bald wieder an und gaben eine Jagd auf, wobei es durch Sträucher und Dornen und halsbrechende Schluchten ging. Nur wenige Jäger hielten noch eine Weile aus, schlossen sich aber am Ende, langsam hinter einander her humpelnd, dem Zuge wieder an. Einer kam zu Fuß; er war im vollen Jagen abgeworfen worden; im Sturz war seine Büchse zerbrochen, und das Pferd hatte, im Geiste des Reiters, den Büffeln weiter nachgesetzt.

Ich meines Theils war vor kurzem so glücklich gewesen, durch einen weitern Tausch das beste Pferd in der Truppe an mich zu bringen, einen Rothfuchs von vollem Blut, trefflich auf den Beinen, schön gebaut und vom edelsten Naturell. In solchen Fällen ist einem nicht anders, als ob der Reiter, indem er sein Pferd wechselt, ein anderer Mensch würde; ich war wie ein ganz anderes Wesen, da ich jetzt ein Thier unter mir hatte, feurig und doch sanft, gelehrig in auffallendem Grade, gewandt, elastisch, rasch in allen Bewegungen. In wenigen Tagen gewöhnte es sich an mich fast wie ein Hund, es lief mir nach, wenn ich abstieg, kam Morgens zu mir, sich zu melden und sich liebkosen zu lassen, und steckte sein Maul zwischen mich und das Buch, wenn ich lesend unter einem Baume saß. Was ich für diesen meinen stummen Gefährten in den Prairien fühlte, gab mir einen entfernten Begriff von der Anhänglichkeit des Arabers an das Pferd, das ihn in der Wüste getragen.

Ein paar Meilen weiter kamen wir zu einer lieblichen Wiese, durch die sich ein breites klares Wasser schlängelte, dessen Ufer treffliche Weide boten. Hier machten wir Halt in einem hübschen Ulmengehölz, neben einem alten Osagenlager. Kaum waren wir abgestiegen, so entstand ein allgemeines Gewehrfeuer auf einen großen Flug von Truthühnern, die im Gehölze, das ein Lieblingsplatz der einfältigen Vögel seyn mußte, umhersaßen. Sie flogen auf die Bäume, ließen sich auf den Aesten nieder und sahen sich mit langgereckten Hälsen in dummer Verwunderung um, bis ihrer achtzehn am Boden lagen.

Während man im besten Gemetzel war, kam die Nachricht, auf einer Wiese in der Nähe seyen vier Büffel. Jetzt ließ man die Truthühner um des edlern Wildes willen fahren, bestieg wiederum die müden Pferde und hetzte sie zur Jagd. Nicht lange, so bekamen wir die Büffel zu Gesicht; sie glichen braunen Hügeln über dem hohen grünen Grase. Beatte suchte sie zu überholen und sie uns zuzujagen, damit die ungeübten Jäger zum Schusse kommen könnten. Sie liefen um den Fuß eines felsigen Hügels herum, der sie unsern Blicken entzog. Einige von uns versuchten es, quer über den Hügel weg zu kommen, verwickelten sich aber im dicken, mit Reben durch=wachsenen Gehölz. Mein Pferd, das unter seinem vorigen Reiter Büffel gejagt, schien so feurig als ich, und brach sich munter Bahn durch die Büsche. Endlich wanden wir uns heraus, und wie ich über den Hügel sprengte, sah ich unsern keinen Franzmann Toni zu Pferd um einen großen Büffel sich herumschwenken, den er zu derb angeschossen, als daß er fliehen konnte, und jetzt aufhielt, bis wir herbeikämen. Der Anblick des furchtbaren Thiers und seines phantastischen Gegners war großartig und komisch zugleich. Der Büffel stand da, die zottige Stirne beständig dem Feinde zugekehrt, mit offenem Maule, trockener Zunge, die Augen funkelnd wie Kohlen, den Schwanz in der Wuth gerade aufwärts gestreckt; jeden Augen=blick versuchte er einen kraftlosen Stoß gegen den Feind, der ihm ohne Mühe auswich, und dabei Sprünge und Narrenspossen aller Art machte. Wir gaben nun zu wiederholtenmalen Feuer auf den Büffel, aber die Schüsse fuhren in den Fleischberg, ohne tödtlich auszufallen. Er zog sich langsam in den seichten Fluß zurück, und wandte sich gegen die Angreifer, sobald sie ihm nahe kamen; im Wasser blieb er stehen, als machte er sich auf eine Belagerung ge=faßt; aber ein besser gezielter Schuß durchschütterte die ganze Masse; er kehrte um und wollte durch das Wasser waten, aber nachdem er wenige Schritte fortgeschwankt, sank er gemach auf die Seite und verschied. Er fiel als Held, und wir schämten uns ein wenig, daß es dazu von unserer Seite so großer Metzelei bedurft; aber nach den ersten paar Schüssen hatten wir unser Gewissen durch den her=gebrachten Vorwand beschwichtigt, daß man dem Leiden des armen Thieres ein Ende machen müsse.

Noch zwei weitere Büffel wurden am Abend geschossen, aber lauter Ochsen, deren Fleisch zu dieser Jahreszeit trocken und hart ist. Ein fetter Bock verschaffte uns schmackhafteres Fleisch zu unserm Abendessen.

Wir brachen gegen acht Uhr aus dem Lager auf und hatten einen mühsamen, angreifenden zweistündigen Marsch über Anhöhen, mit rauhen, dürren Wäldern von Zwergeichen und vielen tiefen Löchern. Ich sah hier viele Eichen vom allerkleinsten Wuchse, manche nicht über einen Schuh hoch, aber voll von kleinen Eicheln. Ueberhaupt ist der ganze Croß=Timber ausnehmend reich an Eichelmast. Es wächs't da eine Art Eiche, die eine wohlschmeckende, sehr früh reifende Eichel gibt. Gegen zehn Uhr Morgens kamen wir zur Stelle, wo dieser rauhe Hügelzug in das Thal niederstreicht, durch welches der nördliche Ast des Red=River läuft. Eine gegen eine halbe Meile breite liebliche Matte, mit gelben Herbstblumen besäet, erstreckte sich zwei bis drei Meilen weit am Fuße der Hügel hin, jenseits vom Flusse begränzt, dessen Ufer mit Baumwollenbäumen bewachsen waren, deren munteres Laub das vom eintönigen braunen Wald ermüdete Auge ergötzte.

Die Wiese war mit Buschwerk und Baumgruppen geschmückt und diese so glücklich vertheilt, als ob die Hand der Kunst sie gepflanzt hätte. Indem wir über dieses frische, liebliche Thal hinüberblickten, sahen wir einen Rudel wilder Pferde auf einem grünen Fleck etwa eine Meile weit zu unserer Rechten ruhig weiden, während links, ungefähr gleich weit weg, mehrere Büffel theils fraßen, theils im hohen üppigen Gras im Schatten einer Gruppe von Baumwollenbäumen lagen und wiederkäuten. Das Ganze sah aus, als wäre es ein weiter hübscher Strich Weideland, in dem trefflichen Stande, wie es ein wohlhabender Gutsbesitzer hält, und das Vieh weidete auf den Angern und Wiesen.

Jetzt ward Kriegsrath gehalten und beschlossen, die gute Gelegenheit zu nützen und das große Jagdmanouvre zu versuchen, welches man das Einschließen der wilden Pferde nennt. Dazu ist eine starke gut berittene Mannschaft erforderlich. Man reitet nach allen Seiten einzeln hinaus, jeder in bestimmtem Abstande vom andern, und bildet so allmählich einen Kreis von zwei, drei Meilen im Umfang um das Wild. Dieß muß mit größter Vorsicht geschehen; denn das Pferd ist das scheuste Thier in der Prairie und wittert den Jäger windwärts in großer Ferne. Ist nun der Kreis geschlossen, so reiten zwei, drei Mann auf die Pferde zu, die in entgegengesetzter Richtung davon rennen. Aber wo sie an den Kreis kommen, zeigt sich ein Jäger und scheucht sie rückwärts. So werden sie von allen Punkten zurückgetrieben und rennen beständig in diesem Zauberkreise herum, bis sie völlig erschöpft sind und es nun für die Jäger ein Leichtes ist, zu ihnen heranzukommen und ihnen den Lariat über den Kopf zu werfen. Die muthigsten, flüchtigsten Pferde brechen aber leicht durch und entkommen, so daß meistens nur Pferde zweiter Classe auf diese Weise gefangen werden.

Zu einer Jagd der Art wurden nun Anstalten getroffen. Die Packpferde ließ man im Wald und band sie fest an Bäume, damit sie nicht, wenn die wilden Pferde einhergestürmt kämen, mit ihnen ausrissen. Fünfundzwanzig Mann mit einem Lieutenant wurden nun beordert, sich längs des Thalrandes im Waldstreif am Fuße der Hügel hinzuschleichen; sie sollten sich, einer etwa fünfzig Yards vom andern, innerhalb des Gehölzes aufstellen und nicht vorrücken oder sich sehen lassen, wenn nicht die Pferde nach dieser Richtung ausrissen. Fünfundzwanzig andere mußten sich gleicherweise über das Thal hinüber längs des gegenüberliegenden Flußufers hinschleichen und sich unter den Bäumen aufstellen. Ein dritter Haufen, ungefähr eben so stark, hatte über den untern Theil des Thals eine Linie zu bilden und somit die beiden Flügel zu verbinden. Beatte, unser zweiter Mestize Antoine, nebst dem allzeitfertigen Toni, sollten auf einem Umwege durch die Wälder in den obern Theil des Thals und hinter die Pferde zu gelangen suchen, und diese sofort in den auf die angegebene Weise gebildeten Sack treiben, während sich die beiden Flügel hinter ihnen schlossen und so einen vollständigen Kreis bildeten.

Die für die Flügel bestimmten Mannschaften breiteten sich still und ungesehen zu beiden Seiten des Thales aus, und der Ueberrest stellte sich kettenförmig in der Quere auf; da gaben die wilden Pferde Zeichen, daß sie einen Feind witterten; sie schnopperten, schnaubten und sahen sich rings um. Endlich setzten sie sich gemach dem Flusse in Gang und verschwanden hinter einer grünen Höhe. Wäre jetzt der Jagdplan gehörig befolgt worden, so hätten sie einfach scheu gemacht und zurück gescheucht werden sollen, indem ein Mann aus dem Gehölz vorritt; aber unglücklicherweise hatte unser Irrwisch, der tollköpfige kleine Franzose die Hand mit im Spiele. Statt ruhig an der rechten Seite des Thals hinzuziehen, um so über die Pferde hinauszukommen, sah er sie kaum dem Flusse zugehen, so brach er auch aus dem Walde hervor und sprengte auf einem der Handpferde des Grafen wie wüthend über die Ebene weg ihnen nach. Damit war das ganze System über den Haufen geworfen. Die Mestizen und ein halbes Dutzend Jäger schlossen sich ihm an, und im Galopp ging es über die grüne Anhöhe weg; einen Augenblick darauf zeigten sich die wilden Pferde wieder und donnerten das Thal herab, Franzose, Mestizen und Jäger mit höllischem Geschrei, wie toll hinter ihnen her. Vergeblich versuchte die quer durch das Thal gezogene Linie die Flüchtigen zurückzuscheuchen; man war ihnen viel zu hitzig auf den Fersen, und in der Angst brachen sie durch die Linie und rasselten die Ebene hinab. Die ganze Truppe schloß sich jetzt der Hetzjagd an, manche Jäger in bloßem Kopf, mit über die Augen herabflatternden Haaren, andere mit Schnupftüchern um den Kopf gebunden. Die Büffel, die bisher ruhig im Grase fortgekäut, hoben ihre plumpen Körper auf, sahen sich einen Augenblick nach dem Sturm um, der auf der Wiese dahertobte, wandten um und suchten in schwerem, polterndem Galopp das Weite. Bald waren sie eingeholt; der helle Haufen drängte sich, wo die Thalseiten näher zusammenliefen, und davon ging es, bunt durcheinander, wilde Büffel, wilde Pferde, wilde Jäger, unter Donnergerassel und lautem Halloh, daß die Wälder widerhallten.

Endlich wandten sich die Büffel in grünes Buschwerk am Flußufer, während die Pferde, die Verfolger dicht an ihren Fersen, in enges Defilé in den Hügeln hinansprengten. Beatte überholte mehrere, denn er hatte sein Augenmerk auf ein hübsches Pawneepferd gerichtet, das Schlitze in den Ohren und Sattelspuren auf dem Rücken hatte. Er ging ihm tüchtig zu Leib, es entkam ihm aber in den Wald. Unter den wilden Pferden befand sich eine schöne, hoch trächtige Rappstute. Im Laufe das Defilé hinan stolperte sie und stürzte; ein junger Jäger sprang vom Pferd und packte sie bei Maul und Mähne; ein zweiter stieg ab und eilte ihm zu Hülfe. Die Stute wehrte sich tüchtig, biß um sich und schlug mit den Vorderfüßen, aber eine Schlinge ward ihr über den Kopf gestreift, und ihr Sträuben half sie nichts, indessen fuhr sie noch eine ziemliche Weile fort, sich zu bäumen und nach allen Seiten auszuschlagen. Die zwei Jäger führten sie jetzt durch das Thal an zwei langen Lariats, wodurch sie sich beiderseitig in gehöriger Entfernung, außerhalb des Bereichs ihrer Hufe halten konnten, und sobald sie nach einer Seite hin ausschlagen wollte, ward sie nach der andern hingezerrt. Auf diese Weise wurde sie in kurzer Zeit mürbe gemacht.

Was den kleinen Skaramuz Toni anbelangt, der durch seine Voreiligkeit den ganzen Plan zu nichte gemacht, so hatte er mehr Glück, als er verdiente: er fing ein schönes, rahmfarbiges Füllen von etwa sieben Monaten, das nicht Kraft genug gehabt, mit den andern gleichen Schritt zu halten. Der quecksilberne kleine Franzose war außer sich vor Jubel. Es war lustig anzusehen, wie er mit seinem Fang umging: das Füllen bäumte sich, schlug aus und suchte sich auf alle Weise loszumachen, aber Toni umklammerte seinen Hals, balgte sich mit ihm, sprang ihm auf den Rücken und trieb Narrenspossen mit ihm, wie der Affe mit der Katze. Worüber ich mich aber nicht genug wundern konnte, das war, wie schnell diese armen, der schrankenlosen Freiheit auf der Prairie entrissenen Thiere sich der Herrschaft des Menschen unterwerfen. Nach zwei, drei Tagen schon liefen die Stute und die zwei Füllen mit den Handpferden und wurden ganz zahm.

Im Verfolg unseres Marsches setzten wir über den North-Fork, einen reißenden und, was in der Prairie eine Seltenheit ist, klaren Strom. Man sieht, daß er seinen Ursprung in dem mit Quellen reichlich versehenen Hochlande hat. Gleich über dem Flusse ging es wieder Landhöhen hinan, von deren einer wir eine weite Aussicht auf den Gürtel des Cross-Timber hatten, ein nichts weniger als lustiger Anblick: Hügel hinter Hügel, Wald hinter Wald, alles schmutzig rothbraun gefärbt, und nur hin und wieder bezeichnete ein Strich grüner Baumwollenbäume, Sykomoren und Weiden den Lauf eines Flüßchens durch ein Thal. Ein Zug Büffel, der sich langsam die

Seite eines fernen Hügels hinanbewegte, bildete eine charakteristische Staffage in der wilden Landschaft. Zur Linken schweifte das Auge jenseits der rauhen Wildniß von Hügeln, Schluchten und Wäldern, wohl zehn Meilen weit über eine Prairie, welche in hellblauer Linie im Horizont hinstrich. Es war, als blickte man von felsigem Ufer hinaus auf einen fernen Meeresspiegel. Leider führte uns unser Weg nicht dahin; wir hatten noch manche beschwerliche Meile im Cross=Timber zurückzulegen.

Wir lagerten gegen Abend in einem Thale bei einem armseligen Teich, in einem weitläuftigen Ulmengehölze, wo die obern Zweige mit der mystischen Mistel bewachsen waren. Während der Nacht wieherte das wilde Füllen zu wiederholten Malen, und etwa zwei Stunden vor Tag hörte man auf Einmal das Lager entlang einen Lärm von Pferden, Schnauben, Wiehern, Getrappel; die meisten Jäger erwachten davon und lauschten, bis die Töne verklangen, wie das Rauschen des Windes. Wie gewöhnlich, ward der Lärm zuerst einer indischen Streifbande zugeschrieben; als aber der Tag anbrach, bemerkte man ein paar wilde Pferde auf einer Wiese in der Nähe, die das Weite suchten, als man ihnen nahe kam. Man glaubte jetzt, ein Rudel derselben sey in der Nacht durch unser Lager gelaufen. Nun wurden unsere Pferde sämmtlich gemustert; manche hatten sich ziemlich weit verlaufen, mehrere fand man gar nicht. Aber auf dem Boden sah man tief eingedrückt die Spuren ihrer Hufe; sie waren in vollem Lauf ins Weite gerannt, und ihre Eigenthümer gingen der Fährte nach an das verdrießliche Geschäft sie aufzusuchen. Wir hatten bei Tagesanbruch Morgenroth, aber bald überzog sich der Himmel finster und drohte mit einem Herbstgewitter. Wir brachen auf, ernst und schweigsam, durch ein unliebliches, rauhes Land, von dessen höchsten Punkten wir große Prairien westwärts sich ausdehnen sahen. Nach zwei, drei Stunden, da wir über eine dürre Prairie ritten, die einer weiten braunen Heide glich, sahen wir in der Ferne sieben Osagekrieger auf uns zukommen. Höchst anziehend ist der Anblick eines menschlichen Wesens in dieser einsamen Wildniß, wie wenn man zur See ein Schiff gewahr wird. Einer der Indier stellte sich an die Spitze der andern und nahte uns, den Kopf gerade, die Brust vorgeworfen, mit edler, freier Miene. Der Bursche sah sehr gut aus; er trug ein scharlachrothes Hemd und hirschlederne Strümpfe mit Franzen; sein Haupt war mit einem weißen Busche geziert, und er schritt, Bogen und Pfeile in einer Hand schwingend, mit einem gewissen martialischen Anstand einher.

Wir unterhielten uns mit ihm mittelst unsers Dolmetschers Beatte, und hörten, er und die Andern seyen mit dem großen Haufen von ihrem Stamm auf der Büffeljagd gewesen, und sie hätten großes Glück gehabt; er versicherte uns, einen Tagmarsch weiter werden wir auf die Prairien am Ufer des Grand-Canadian gelangen und Wild in Menge finden; da die Jagd vorüber sey und die Jäger auf dem Heimwege begriffen, haben seine Cameraden und er einen Kriegszug unternommen; sie wollten Pawnees in ihren Lagern beschleichen und zusehen, ob sie nicht Scalps oder Pferde bekommen könnten.

Allermittelst kamen auch die Andern herbei, die sich bis jetzt fern gehalten. Ihrer zwei oder drei führten mittelmäßige Jagdflinten, die andern waren mit Bogen und Pfeilen bewaffnet. Ich bewunderte die fein gebildeten Köpfe und Büsten dieser Wilden, ihre graciösen Stellungen und ausdrucksvollen Gebärden, während sie sich, rings von berittenen Jägern umgeben, mit unserm Dolmetscher unterhielten. Wir suchten einen zu vermögen, mit uns zu kommen, denn wir hätten ihn gerne mit Bogen und Pfeil Büffel jagen sehen. Er schien auch Anfangs nicht abgeneigt, aber die Andern riethen ihm ab. Jetzt gedachte auch der würdige Commissär seiner Sendung als Friedensstifter und hielt eine Rede an sie, worin er sie ermahnte sich aller Feindseligkeiten gegen die Pawnees zu enthalten, sie mit der Absicht ihres Vaters in Washington bekannt machte, allem Blutvergießen unter seinen rothen Kindern ein Ende zu machen, und sie versicherte, er sey auf die Gränze gesandt, um den allgemeinen Frieden zu erwirken. Er forderte sie dem zufolge auf, ruhig nach Hause zu gehen und versichert zu seyn, daß die Pawnees ihnen hinfort nichts mehr zu Leide thun, sondern sie bald als Brüder betrachten würden.

Die Indier horchten der Rede, wie gewöhnlich, in anständiger Stille, wechselten sodann ein paar Worte unter einander, sagten uns Lebewohl und setzten ihren Weg über die Prairie fort.

Es war mir, als hätte ich unsern Dolmetscher Beatte verschmitzt lächeln sehen, und fragte ihn unter vier Augen, was die Indier nach der Rede zu einander gesagt. Der Anführer, erwiderte er, habe gegen die übrigen geäußert, da ihr großer Vater so bald allem Krieg ein Ende zu machen gedenke, so müssen sie wohl die noch übrige kurze Zeit so gut als möglich nützen; und so waren sie denn abgezogen, um mit doppeltem Eifer dem Pferdediebstahl nachzugehen.

Wir hatten uns noch nicht lange von den Indiern verabschiedet, so gewahrten wir drei Büffel im Gebüsch eines morastigen Thals zu unserer Linken. Ich machte mich mit dem Capitän und mehrern Jägern auf, ihnen entgegen. Wir schlichen uns durch ein weitläuftiges Gehölz; der Capitän, der der vorderste war, kam auf Schußweite hinan und traf einen in die Seite. Alle drei rannten in panischem Schrecken durch Strauchwerk und Dickicht, Sumpf und Morast davon und warfen mit ihrem ungeheuren Gewichte jedes Hinderniß vor sich nieder. Der Capitän und die Jäger gaben bald eine Jagd auf, wobei sie leicht ihre Pferde zu Schanden geritten hätten; ich aber verfolgte die Spur des angeschossenen Ochsen und hoffte ihm nahe genug zu kommen, um von meinen Pistolen, der einzigen Waffe, die ich bei mir hatte, Gebrauch zu machen; doch ehe dieß möglich war, erreichte er den Fuß eines felsigen, mit Zwergeichen und Gesträpp bedeckten Hügels und rasʼte fort, durch dick und dünn, mit blinder Wuth, so daß es Unsinn gewesen wäre ihn weiter zu verfolgen.

Die Jagd hatte mich so weit seitwärts abgeführt, daß es eine Weile währte, bis ich wieder auf die Fährte unsers Zugs kam. Indem ich langsam einen Hügel hinanritt, kam eine hübsche Rappstute oben herüber und war ganz nahe bei mir, bevor sie es gewahr wurde. Jetzt aber fuhr sie zurück, drehte sich um und flog in vollem Lauf in das Thal hinab und den Hügel gegenüber hinan, mit flatternder Mähne und Schweif, windschnell in allen Bewegungen. Ich sah dem Pferde nach, so lange es sichtbar blieb und wünschte von Herzen, daß ein so herrliches Thier nie unter die schmähliche Herrschaft von Zaum und Peitsche kommen, sondern immer frei über die Prairien schweifen möchte.

Als ich die Truppe wieder einholte, schlug man eben in einem üppigen Waldgrunde, durch den ein kleines Wasser zwischen hohen, losen Ufern floß, das Lager auf. Nach verschiedenen Seiten hin krachten eine ganze Weile die Büchsen auf einen starken Flug
Trut=

Truthühner, die durch das Dickicht liefen oder auf den Bäumen saßen. Wir hatten noch nicht lange Halt gemacht, als ein feiner Regen das aufgezogene Herbstgewitter eröffnete. Sogleich machte man sich daran, sich dagegen zu schützen; unser Zelt wurde aufgeschlagen und unsere Sättel, Satteltaschen, die Vorräthe an Zucker, Kaffee, Salz, kurz alles, was vom Regen verdorben werden konnte, darunter geschafft. Unsere Leute, Beatte, Toni und Antoine, trieben Pfähle mit gabelförmigen Enden in den Boden, legten Stangen als Sparren darüber und errichteten so eine Hütte, die mit Rinde und Häuten bedeckt wurde, sich gegen den Wind abdachte und gegen das Feuer offen war. Die Jäger bauten sich ähnliche Schuppen aus Rinde und Häuten oder aufgespannten Decken, mit mächtigen Feuern davor.

Diese Vorsichtsmaßregeln waren sehr an der Zeit; schlimmes, ständiges Regenwetter trat ein und dauerte mit kurzen Unterbrechungen zwei Tage lang. Der Bach, der, als wir herkamen, friedlich hinschlich, schwoll zu einem trüben, brausenden Strom an, und der Wald verwandelte sich so ziemlich in einen Sumpf. Die Leute krochen unter ihre Zelte von Häuten und Decken oder kauerten um ihre Feuer, und die Rauchwolken, die in die Bäume emporwirbelten und sich in der Luft verbreiteten, überzogen den Wald mit bläulichem Nebel. Unsere armen müden, durch harte Strapazen und dürftige Weide gewaltig herabgekommenen Rosse verloren jetzt vollends allen Muth und standen mit gesenkten Köpfen, hängenden Ohren und halbgeschlossenen Augen, dosend und dampfend im Regen da, während das herbstliche Laub bei jedem Windstoß unter sie niederschauerte.

Trotz des schlechten Wetters waren indessen unsere Jäger nicht müßig; so oft der Regen nachließ, machten sie sich zu Pferde auf und durchstreiften den Wald. Hie und da verkündete ein Büchsenschuß in der Ferne, daß ein Stück Wild erlegt sey. Wildpret ward in Ueberfluß eingebracht. Manche beschäftigten sich unter den Schuppen mit dem Abstreifen und Zerlegen der Thiere; Andere machten sich an den Feuern mit den Bratspießen und Feldkesseln zu thun, und im ganzen Lager ward in rohem Style geschmaus't oder vielmehr geschwelgt. Die Art war unaufhörlich in Bewegung und ermüdete das Echo der Wälder. Krach! kam ein gewaltiger Baum nieder, und wenige Minuten darauf brannten und prasselten seine

Reisen und Länderbeschreibungen. IV. 7

(Die Prairien.)

zerſtückten Glieder in den mächtigen Lagerfeuern, vor denen ein unglückliches Reh gebraten ward, dem einſt in ſeinem Schatten wohl geweſen.

Der Wechſel der Witteruug hatte unſerm kleinen Franzmann hart zugeſetzt. In ſeinem Gerippe, aus Knochen und Peitſchenſchnüren beſtehend, wühlten rheumatiſche Schmerzen; er hatte Zahnweh, Ohrenweh und trug das Geſicht verbunden; er fühlte ſtechende Schmerzen in allen Gliedern; aber all dieß ſchien ſeine raſtloſe Thätigkeit noch zu ſteigern, und er huſchte unaufhörlich um das Feuer her, briet, ſchmorte, ächzte, ſchalt und fluchte.

Beatte kam voll Grimm und Aerger von der Jagd heim. Er war auf einen furchtbar großen Bären geſtoßen und hatte ihn mit einer Büchſenkugel verwundet. Der Bär machte ſich dem Bache zu, der angeſchwollen und reißend war. Beatte ging ihm nach und griff ihn hinten mit dem Jagdmeſſer au. Bei jedem Stiche kehrte ſich der Bär wüthend gegen ihn und wies dabei ſeine furchtbaren weißen Zähne. Beatte hatte feſten Fuß im Bache, und konnte ihn ſo mit der Büchſe von ſich ſtoßen, und wenn er ſich wieder umwendete, um fortzuſchwimmen, watete er ihm nach und verſuchte es, ihm die Fußſehnen abzuſchneiden. Aber es gelang dem Bären ins Dickicht zu kriechen, und Beatte mußte die Jagd aufgeben.

Dieſes Abenteuer verſchaffte zwar kein Wildpret, brachte aber Abends am Feuer manche Geſchichten von Bärenjagden auf die Bahn, wobei dann der graue Bär eine Hauptrolle ſpielte. Dieſes wilde, gewaltige Thier iſt überhaupt ein Lieblingsgegenſtand für die erzählenden Jäger, rothe wie weiße, und ſeine ungeheuren Tatzen, die der indiſche Tapfere um den Hals trägt, ſind ein noch ehrenvolleres Siegeszeichen als ein menſchlicher Scalp. Gegenwärtig wird er ſelten mehr unterhalb der obern Prairien und des Saums der Rocky-Mountains angetroffen. Andere Bären ſind wohl furchtbar, wenn ſie verwundet und gereizt werden, greifen aber ſelten an, wenn man ihnen den Rückzug frei läßt. Der graue Bär iſt das einzige Thier in unſern weſtlichen Wildniſſen, das ungereizt angreift. Durch ſeine ungeheure Größe und Stärke wird er ein furchtbarer Gegner, und ſein zähes Leben ſpottet oft aller Geſchicklichkeit des Jägers, wiederholten Büchſenſchüſſen und Stichen mit dem Jagdmeſſer.

Eine Geſchichte, die bei dieſer Gelegenheit aufs Tapet kam,

versinnlichte recht, auf welche Unfälle und harte Auskunftsmittel unsere Gränzjäger gefaßt seyn müssen. Ein Jäger, der einem Stück Rothwild nachsetzte, stürzte in eines der tiefen, trichterförmigen Löcher, die sich durch Wasseransammlung nach heftigen Regengüssen in den Prairien bilden. Zu seinem Entsetzen sah er sich unten einem großen grauen Bären gegenüber. Das Ungeheuer packte ihn, ein Kampf auf Leben und Tod begann, wobei der arme Jäger tüchtig zerkratzt und zerbissen und ihm ein Arm und ein Bein gebrochen, er aber endlich doch seines zottigen Feindes Meister wurde. Mehrere Tage blieb er unten im Loche; er war so arg zugerichtet, daß er sich gar nicht rühren konnte, und lebte vom rohen Fleisch des Bären; er hielt dabei seine Wunden offen, damit sie allgemach und nachhaltig heilten. Endlich fühlte er sich im Stande, zum Loche hinaus, auf die offene Prairie zu kriechen. Mit größter Anstrengung schleppte er sich zum Bette eines fast eingetrockneten Wassers. Hier labte er sich mit einem Trunk Wasser, der ihn neu belebte; sodann kroch er weiter von einer Wasserpfütze zur andern und erhielt sich von kleinen Fischen und Fröschen. Einmal sah er einen Wolf auf der Prairie in seiner Nähe ein Reh hetzen und umbringen. Sogleich kroch er vom Wasser hin, verjagte den Wolf, legte sich neben das Wildpret und blieb daselbst, bis er ein paar tüchtige Mahlzeiten gehalten, wodurch er sich merklich gestärkt fühlte.

Er kehrte zum Bache zurück und folgte seinem Laufe, bis er ein ansehnlicher Fluß wurde. Diesen trieb er hinab bis dahin, wo er sich in den Mississippi mündet. An dieser Stelle fand er einen gabelförmigen Baumstamm; diesen schaffte er mühsam ins Wasser, setzte sich rittlings darauf und überließ sich der Strömung des mächtigen Flusses. So trieb er abwärts, bis er dem Fort Council-Bluffs gegenüber kam. Zum Glück war es Tag, sonst wäre er leicht am einsamen Posten unbemerkt vorübergeschwommen und in der weiten Wasserwüste zu Grunde gegangen. Er wurde vom Fort aus bemerkt, man sandte ihm einen Kahn zu Hülfe, er ward mehr todt als lebendig ans Ufer gebracht, und genas zwar bald von seinen Wunden, blieb aber ein Krüppel sein Leben lang.

Beatte war von seinem Kampfe mit dem Bären gebeugt und niedergeschlagen im höchsten Grade heimgekommen. Die Erkältung im Bache, nebst dem Wechsel der Witterung, hatten ihm einen Rheumatismus zugezogen, dessen Anfällen er unterworfen war. Der sonst durch nichts aus der Fassung zu bringende, im höchsten Grad abgehärtete Bursche saß jetzt trübselig, mißmuthig am Feuer. Er war in der Blüthe der Jahre, von kräftigem Bau und scheinbar eisenfester Constitution, aber trotz dem, seiner eigenen Aeußerung nach, nicht viel besser als ein Wrack. Er legte auch wirklich lebendiges Zeugniß ab für das mit dem wilden Leben auf der Gränze verknüpfte mannichfache Ungemach. Er entblößte seinen linken Arm; er war in Folge eines frühern Anfalls von Gicht, der die Indier häufig unterworfen sind, verkrümmt und verzogen; überhaupt werden die Indier dadurch, daß sie sich jeder Witterung aussetzen müssen, durchaus nicht so abgehärtet, so für jeden Wechsel unempfindlich, als sich Manche vorstellen. Er trug an sich die Narben von mehreren Wunden und Quetschungen, die er theils auf der Jagd, theils im Kriege mit den Indiern erhalten. Bei einem Sturze vom Pferd hatte er den rechten Arm gebrochen, ein andermal war sein Pferd mit ihm gestürzt, und er hatte das linke Bein gebrochen. „Ich bin," sagte er, „verkrüppelt überall und zu nichts mehr gut; ich frage nichts darnach, was mir noch begegnet." — „Und doch" fügte er nach einer Pause hinzu, „bei all dem, müßte das ein tüchtiger Kerl seyn, der mich zu Boden brächte."

Ich veranlaßte ihn zu manchen Mittheilungen über sich selbst, wodurch der Mann in meiner Achtung stieg. Er wohnte am Neosho, in oder bei einem Osagedorfe, das unter der Obhut eines würdigen Missionärs von den Ufern des Hudsons, Namens Requa, stand, der sich bemühte, die Wilden in den Künsten des Landbaus zu unterweisen und sie zu Akerbauern und Hirten zu bilden. Ich hatte während der Reise, die ich kürzlich der Gränze entlang gemacht, Requa's Agriculturmission besucht, und gefunden, daß dabei für die armen Indier wohl mehr wahrer Nutzen zu erwarten ist, als bei Missionen, in denen bloß gebetet und gepredigt wird.

In jener Gegend also hatte Pierre Beatte sein kleines Gut, sein indisches Weib und seine farbigen Kinder und unterstützte Requa in seinen Bemühungen, den Stamm der Osagen zu civilisiren und seinen ganzen Zustand zu verbessern. Beatte war als Katholik erzogen und hing mit unverbrüchlicher Treue an seinem Glauben; er könne, äußerte er, mit Master Requa nicht beten, wohl aber mit ihm arbeiten, und verrieth reges Interesse für das Wohl seiner wilden Anverwandten und Nachbarn. Ueberhaupt war er, obgleich sein Vater ein Franzose gewesen und er unter Weißen aufgezogen worden, seinem ganzen Wesen nach mehr ein Indier, und sein Herz neigte sich dem Volke seiner Mutter zu. Wenn er mir erzählte, welche Unbilden und Schmähungen die armen Indier im Verkehre mit den rohen Ansiedlern auf der Gränze zu erdulden haben; wenn er beschrieb, wie schwankend und erniedrigend der Zustand des Volks der Osagen sey, wie sie an Zahl geschmolzen, wie ihr Muth gebrochen und sie fast im Elend auf dem Boden lebten, wo sie einst als Helden aufgetreten: da sah ich, wie ihm die Adern schwollen, wie seine Naslöcher sich ausdehnten vor Ingrimm; aber gewaltsam seine indische Selbstbeherrschung aufbietend, zügelte er sein Gefühl und trieb es gleichsam in die Brust zurück.

Er nahm keinen Anstand, zu erzählen, wie er einmal seinen Verwandten, den Osagen beigestanden, einen Haufen Weißer zu verfolgen und für ein an jenen begangenes schreiendes Unrecht Rache an ihnen zu nehmen; und ich sah wohl, in dem Gefechte, das sich dabei entsponnen, hatte sich Beatte ganz als Indier gezeigt. Er hatte mehr als Einmal die Osagen auf ihren Kriegszügen gegen die Pawnees begleitet, und erzählte namentlich von einem Scharmützel auf der Gränze dieses Jagdgebiets, worin mehrere Pawnees erschlagen werden. Er sagte, wir werden im Verfolg unseres Marsches am Platze vorbeikommen; die unbeerdigten Gebeine und Schädel der Erschlagenen seyen noch daselbst zu sehen.

Unser Chirurg, der beim Gespräche zugegen war, spitzte die Ohren, da er dieß vernahm. Er war ein Stück von einem Phrenologen und versprach Beatte eine gute Belohnung, wenn er ihm einen der Schädel verschaffe. Beatte sah ihn einen Augenblick ernst und überrascht an; endlich sagte er: „Nein! das ist zu niederträchtig! Muth hab' ich, wie einer — mach' mir nichts aus dem Todtschlagen — aber die Todten laßt ruhen!" Er erzählte, auf einem Zuge mit Weißen habe er einmal in einem Zelte mit dem Doctor geschlafen und bemerkt, daß dieser einen Pawneeschädel unter dem Gepäck mit sich führe; im Augenblick verließ er das Zelt und wollte mit dem Doctor nichts mehr zu schaffen haben. „Er wollt' mir schön thun," äußerte Beatte, „aber ich sagte: nichts da! wir sind geschieden!"

Im Zustande der Niedergeschlagenheit, in dem er sich jetzt befand, überließ sich Beatte den abergläubischen Vorgefühlen, an denen die Indier hängen; er hatte eine Zeit lang, den Kopf auf die Hand gestützt, ins Feuer geblickt. Ich merkte, er war in Gedanken in seinem kleinen Heimwesen am Neosho, und er sagte, er wisse gewiß, bei seiner Heimkehr finde er eines der Seinigen krank oder todt; sein linkes Auge habe seit zwei Tagen gezuckt und geblinzelt, und dieß habe immer ein Unglück der Art zu bedeuten. Solch elendes Zeug ist es, was, zu Vorbedeutungen vergrößert, die Seele dieser eisernen Männer erschüttert. Das geringste Anzeichen von etwas Mystischem, Unheil Weissagendem ist im Stande, den Jäger oder den Krieger von seinem Vorhaben abzubringen oder ihm den Kopf mit Vorstellungen von bevorstehendem Unglück anzufüllen. Dieser unter den einsamen, rohen Bewohnern der Wildniß ganz allgemeine Hang zum Aberglauben verschafft dem Wahrsager und dem Träumer unter ihnen so mächtigen Einfluß.

Unter den Osagen, bei denen Beatte den größten Theil seines Lebens zugebracht, haben sich ihre abergläubischen Vorstellungen und Gebräuche größtentheils in ihrer ursprünglichen Stärke erhalten. Sie glauben alle an die Fortdauer der Seele nach ihrer Trennung vom Körper, aber auch, daß sie alle ihre irdischen Neigungen und Gewohnheiten mit sich nehmen. In einem Osagedorf in Beatte's Nachbarschaft verlor einer der vornehmsten Krieger sein einziges Kind, ein hübsches, sehr junges Mädchen. All ihr Spielzeug wurde mit ihr verbrannt; auch ihr kleines Lieblingspferd ward getödtet und neben sie ins Grab gelegt, damit sie es im Lande der Geister reiten könne.

Ich erzähle hier ein kleine Geschichte, wie ich sie auf der Reise durch Beatte's Heimath gehört: sie kann als Beispiel vom Aberglauben seiner indischen Verwandten dienen. Ein starker Haufe Osagen war eine Zeit lang am Ufer eines hübschen Flusses, Nick=a=nanse genannt, gelagert gewesen. Unter ihnen befand sich ein junger Jäger, einer der tapfersten und schmuckſten Burſche im Stamme, der mit einer Osagin verlobt war, die wegen ihrer Schönheit die Blume der Prairien hieß. Der junge Mann begab sich nach St. Louis, um den Ertrag seiner Jagd zu veräußern und Schmuck für seine Braut einzukaufen, während sie bei ihren Verwandten im Lager blieb. Nach einigen Wochen kehrte er heim zu den Ufern des Nick=a=nanse;

aber das Lager war nicht mehr da. Nur das nackte Gerüste der Hütten und erloschene Feuerbränder bezeichneten seine Stelle. Nicht weit davon sah er am Strome weinend ein weibliches Wesen sitzen; es war seine Verlobte. Er eilte hin, sie zu umarmen, sie aber wandte sich betrübt ab. Er fürchtete, ein Unglück möchte das Lager betroffen haben. „Wo sind unsere Leute?" rief er. „Fort zum Ufer des Wagruēhka." — „Und was thust du hier allein?" — „Ich wartete deiner." — „So laß uns schnell hin zu den Unsrigen aus Ufer des Wagruēhka." Er gab ihr seinen Bündel zu tragen und ging voraus, wie es die indische Sitte mit sich bringt. Sie kamen an eine Stelle, wo man den Rauch des fernen Lagers über das bewaldete Stromufer emporwirbeln sah. Das Mädchen setzte sich unter einen Baum. „Es schickt sich nicht, daß wir zusammen gehen," sprach sie; „ich will hier warten." Der junge Jäger ging allein ins Lager und ward von seinen Angehörigen mit kummervoller Miene empfangen. „Was ist geschehen," fragte er, „daß ihr so betrübt seyd? — Niemand gab Antwort. Er wandte sich an seine geliebteste Schwester und bat sie hinauszugehen seine Braut zu suchen und sie ins Lager zu führen. „Weh!" rief die Schwester, „wo soll ich sie suchen! Vor wenigen Tagen ist sie gestorben!" Jetzt drängten sich die Anverwandten des jungen Mädchens weinend und wehklagend um ihn her, er wollte aber der traurigen Kunde keinen Glauben schenken. „So eben noch," rief er, „habe ich sie lebendig und gesund verlassen. Kommt mit, ich will euch zu ihr führen!" Er ging voran zum Baum, unter den sie sich gesetzt; aber sie war nicht mehr da, und sein Bündel lag am Boden. Die gräßliche Wahrheit brach ihm das Herz; er sank todt zu Boden.

Ich gebe die einfache Geschichte fast in denselben Worten wieder, wie sie mir erzählt worden, als ich Abends im Lager, am Ufer des besuchten Flusses, wo sie sich ereignet haben sollte, am Feuer lag.

Am folgenden Morgen stießen die Jäger zu uns, welche am letzten Lagerplatze zurückgeblieben waren, um die verlaufenen Pferde zu suchen. Sie hatten bedeutend weit, durch Busch und Rohr und über Flüsse ihre Spur verfolgt und fanden sie endlich weidend am Rand einer Prairie. Ihre Köpfe waren dem Fort zugekehrt, und sie waren offenbar im Begriff, weidend der Heimath zuzuwandern.

Gegen Mittag hellte sich der Himmel auf, und ich bemerkte, daß zwischen unsern Mestizen und Toni geheimer Rath gepflogen wurde. Das Resultat war, daß sie uns baten, Toni auf ein paar Stunden von seinem Dienste zu dispensiren und zu erlauben, daß er sich seinen Cameraden zu einer großen Fouragirung anschließen dürfe. Wir wandten ein, Toni sey durch sein Unwohlseyn und seine Schmerzen zu sehr geschwächt, um etwas der Art mitzumachen; aber er war voll Feuer und Flamme für die geheimnißvolle Unternehmung, und als er die Erlaubniß hatte, schien bei ihm alles Weh im Augenblick vergessen.

Nicht lange, so war das Kleeblatt gerüstet und zu Pferde, die Büchsen über der Schulter, Schnupftücher um die Köpfe gewunden: man sah, es galt einen tüchtigen Ritt. Während sie bei den verschiedenen Quartieren im Lager vorbeikamen, konnte es der eitle kleine Franzose nicht lassen, nach rechts und links prahlend davon zu sprechen, welch große Dinge er zu verrichten gedenke, dem schweigsamen Beatte zum Trotz, der jeden Augenblick sein Pferd anhielt und sich mit ernstem, vorwurfsvollem Blick nach ihm umsah; es war ein schweres Stück, Toni die Rolle eines Indiers beizubringen.

Manche Jäger machten sich gleichfalls auf, und der Hauptwaidmann, der alte Ryan, kam Nachmittags bei guter Zeit mit reicher Jagdbeute zurück, er hatte einen Rehbock und zwei fette Geißen geschossen. Ich trat zu einer Gruppe von Jägern, die sich um ihn und sein Wildpret gesammelt, und hörte, daß man sich über den Werth einer List stritt, der man sich zuweilen auf der Rehjagd bedient. Sie besteht darin, daß man mit einem kleinen Instrument den Ruf des jungen nachahmt, und so das Thier innerhalb Schußweite lockt. Es gibt verschiedene Instrumente der Art für stilles und windiges Wetter und je nach dem Alter des Kalbes. Das dadurch getäuschte, arme Thier kommt zuweilen in der Angst um sein Junges ganz nahe zum Jäger heran. „Ich lockte einmal einem Thier," erzählte ein junger Jäger, „und es kam auf zwanzig Yards zu mir her, so daß ich prächtig zielen konnte. Dreimal legte ich meine Büchse an, hatte aber nicht das Herz zu schießen. Ich dachte an meine Mutter, und wie bange sie immer um mich hatte, da ich noch klein war; und um dem Ding ein Ende zu machen, hallohte ich, und hatte das Thier schnell außer der Schußweite gescheucht." — "Und Ihr thatet recht!" rief der brave alte Ryan. "Ich für mein Theil konnte es nie über mich bringen, Rehe zu locken. Ich bin mit Jägern gewesen, die Rehruf bei sich hatten, und habe gemacht, daß sie das Ding wegwarfen. Es ist ein schurkischer Kniff, aus der Liebe einer Mutter zu ihrem Jungen Nutzen zu ziehen!"

Gegen Abend kamen unsere drei Ehrenmänner von ihrer geheimnißvollen Fouragirung zurück. Toni's Zunge verkündete ihre Ankunft, lange bevor man sie sah, denn er schrie aus vollem Hals und zog die Aufmerksamkeit des ganzen Lagers auf sich. Der lahme Schritt und die dampfenden Seiten ihrer Rosse gaben deutlich zu erkennen, daß sie scharf geritten, und als sie näher kamen, sah man, daß die Pferde rings mit Fleisch behängt waren, wie Fleischerbuden. Sie hatten über eine ungeheure, mit Büffelheerden bedeckte Prairie gestreift, die sich jenseits des Walds ausbreitete. Von dieser Prairie und von dem Wilde darauf hatte Beatte vor einigen Tagen im Gespräche mit den Osagen Kunde erhalten, die Sache aber vor den Jägern geheim gehalten, damit er und seine Cameraden sich zuerst an das Wild machen könnten. Sie hatten sich begnügt, vier Büffel zu schießen; glaubte man freilich Toni, so hätten sie dieselben zu Duzenden erlegen können.

Diese Nachrichten und das zur Bestätigung heimgebrachte Büffelfleisch versetzten das Lager in die frohste Laune, und jedermann sah freudig einer Büffeljagd auf den Prairien entgegen. Toni war wiederum das Orakel im Lager und hielt zur Stunde einem Haufen Zuhörer, die sich, die Schultern zu den Ohren hinaufgezogen, um das Feuer drängten, eine Vorlesung. Er schwadronirte jetzt mehr als je von seiner Fertigkeit im Schießen; daß er früher auf dem Marsche nichts geleistet, schrieb er ganz allein dem Umstande zu, daß er kein Glück gehabt, wenn er nicht gar "gebannt" gewesen, und da er sah, daß man ihm scheinbar Glauben schenkte, führte er einen Fall der Art an, der ihm selbst begegnet seyn sollte, indeß er das Geschichtchen offenbar unter seinen guten Freunden, den Osagen, aufgelesen hatten.

Etwa in seinem vierzehnten Jahre, so erzählte er, war er einmal auf der Jagd, da sah er einen weißen Hirsch aus einer Schlucht heraufkommen. Er schlich hinzu, um zum Schusse zu kommen, da sah er noch einen heraufkommen, und noch einen, bis ihrer sieben waren,

alle schneeweiß. Da er jetzt nahe genug herbeigekommen, zielte er auf
einen und gab Feuer, traf aber nicht; der Hirsch scheute nicht einmal.
Er lud und schoß noch einmal, und fehlte wieder; so machte er fort,
bis sein Schießbedarf zu Ende war, und die Hirsche blieben völlig unverletzt. Er ging nach Hause und dachte, aus ihm werde in seinem Leben kein Schütze, aber ein alter Osagejäger tröstete ihn mit den Worten: „Diese weißen Hirsche sind gebannt und können nur mit besondern
Kugeln geschossen werden." Der alte Indier goß Toni mehrere Kugeln, ließ ihn aber nicht zusehen und sagte ihm auch nicht, was
dazu genommen wurde und welche Formalitäten man dabei beobachtete.
Mit diesen Kugeln versehen, machte sich Toni wieder auf, die weißen Hirsche zu suchen, und fand sie auch wirklich. Er versuchte
es zuerst mit gemeinen Kugeln und fehlte wie früher. Eine Zauber-
kugel aber streckte sogleich einen feinen Hirsch zu Boden, worauf
das Rudel im Augenblick verschwand und nie wieder gesehen wurde.

29 October. — Morgens war der Himmel düster unzogen,
aber gegen acht Uhr brach die Sonne durch und beleuchtete den Wald,
und das Horn gab das Zeichen, sich zum Aufbruche zu rüsten. Jetzt
begann überall muntere, lärmende Geschäftigkeit; Einige liefen und
schrieen nach den Pferden, „Andere trieben auf nackten Pferden die
ihrer Cameraden herein. Hier nahm man die Pfähle unter den
nassen Decken weg, die als Zelte gedient, dort packte man in aller
Eile und belud die Pferde, wie sie nach einander hereinkamen, während Andere ihre feuchten Büchsen losbrannten und sie frisch luden,
um zur Jagd fertig zu seyn.

Gegen zehn Uhr brachen wir auf. Ich ritt langsam hinter dem
Zuge her, während er den trüben Bach überschritt und durch das
Labyrinth des Walds defilirte. Ich blieb immer gern zurück, bis
der letzte Nachzügler unter den Bäumen verschwand und die fernen
Horntöne erstarben, um die Wildniß der Stille und Einsamkeit
wiederum zurückgegeben zu sehen. Dießmal sah es auf dem Lagerplatze, von dem wir eben aufgebrochen, im höchsten Grade wüste
und verlassen aus. Der Wald umher war an vielen Stellen zu einem Morast zerstampft, gefällte, zum Theil zerhauene Bäume,
mächtige Stücke davon umhergestreut, kahle Zeltstangen, qual-
mende Feuer, davor an hölzernen Bratspießen mächtige Stücke ge-
röstetes Wildpret und Büffelfleisch, von den Messern hungriger
Jäger zerhackt und zerschnitten; ringsumher Häute, Hörner, Ge-

weihe, Knochen von Rothwild und Büffeln, auch ungekochte Fleisch=
stücke und ungerupfte Truthühner, welche die jungen Jäger liegen
gelassen, sorglos und verschwenderisch, wie sie immer sind,
wenn sie sich in wildreichem Revier befinden. Zugleich schwebten
bereits ein paar Duzend Weihen oder Geyer in der Luft, zogen
prächtig hoch oben ihre Kreise und machten sich fertig, auf das La=
ger niederzustoßen, sobald es verlassen seyn würde.

———

Nachdem wir etwa zwei Stunden lang in südlicher Richtung
fortgezogen, kamen wir gegen Mittag aus dem trübseligen Wald=
gürtel des Croß=Timber heraus und sahen zu unserer unbeschreibli=
chen Freude die große Prairie sich rechts und links vor uns
ausbreiten. Deutlich konnten wir den geschlängelten Lauf des Ca=
nadian und mehrerer kleinerer Flüsse mittelst der grünen Waldstrei=
fen längs ihrer Ufer verfolgen. Die Landschaft war herrlich, un=
endlich groß. Es ist immer ein erhebendes Gefühl, auf diese
gränzenlosen, fruchtbaren Flächen hinauszublicken, aber dießmal
war der Genuß doppelt, da wir eben aus unserm „engen Kerker"
von zahllosem Gezweig herausgekommen.

Von einer Anhöhe wies uns Beatte den Platz, wo er und
seine Cameraden die Büffel geschossen, und wir sahen in der Ferne
verschiedene schwarze Gegenstände sich bewegen, die, wie er sagte,
Büffel waren, die zu jener Heerde gehörten. Der Capitän be=
schloß, sich zu einem, etwa eine Meile entfernten Waldgrunde zu
wenden und dort einen oder zwei Tage liegen zu bleiben, um eine
regelmäßige Büffeljagd zu veranstalten und sich mit Mundvorrath
zu versorgen. Während die Truppe die Anhöhe hinab dem Lager=
platze zuzog, schlug Beatte meinem Zeltcameraden und mir vor, uns
seiner Leitung anzuvertrauen; er versprach uns an einen Ort zu
führen, wo wir der Jagdlust recht genießen könnten. Wir verlie=
ßen daher die Marschlinie, wandten uns der Prairie zu, gingen
durch ein kleines Thal und eine sanfte Landhöhe hinan. Oben an=
gelangt, gewahrten wir ein Rudel wilder Pferde in der Entfernung
von etwa einer Meile. Beatte fing sogleich Feuer, und dachte an
keine Büffeljagd mehr. Er ritt sein starkes, halbwildes Roß, den
aufgewickelten Lariat am Sattelknopf, und sprengte davon, den
Pferden entgegen; wir blieben auf einem hohen Punkt und beob=

achteten eifrig seine Bewegungen. Er machte sich einen Waldstreifen zu Nutze und schlich sich sachte dahin, so daß er ihnen nahe kam, bevor sie es merkten. Kaum wurden sie seiner ansichtig, so rissen sie aus. Wir sahen ihn am Horizont hinstreichen, wie einen Kaper, der auf einen Kauffahrer Jagd macht; endlich ging er über den Rücken einer Höhe hinüber und in ein seichtes Thal hinab; nach wenigen Augenblicken war er am Hügel gegenüber und dicht an einem der Pferde. Nicht lange, so sprengte er Kopf an Kopf neben ihm und schien ihm die Schlinge überwerfen zu wollen; aber beide verschwanden wieder hinter dem Hügel und kamen nicht wieder zum Vorschein. Es zeigte sich später, daß er ein starkes Pferd mit der Schlinge gefangen, es aber nicht zu halten vermocht und dabei seinen Lariat eingebüßt hatte.

Während wir seiner Rückkehr harrten, sahen wir zwei Büffelochsen einen Abhang über einem Wasser, das sich durch ein mit Bäumen bewachsenes Bett wand, herabkommen. Der junge Graf und ich versuchten sie unter dem Schutze der Bäume zu beschleichen; sie erblickten uns aber schon in der Entfernung von drei, vierhundert Yards, kehrten um und liefen die Anhöhe wieder hinauf. Wir setzten durch das Flußbett und jagten ihnen nach. Das ungeheure Gewicht von Kopf und Vordertheil macht, daß der Büffel sich mühsam bergan arbeitet, bergab aber geht es ebendeßhalb desto schneller. Wir waren daher im Vortheil und kamen ihnen rasch auf den Leib; es fiel nur schwer, unsere Pferde nahe genug hinanzubringen, weil sie schon vom Geruche des Büffels scheu werden. Der Graf, der eine Doppelflinte hatte, gab Feuer, fehlte aber. Jetzt schlugen die Büffel eine andere Richtung ein und sprengten pfeilschnell bergab. Da sie sich getrennt hatten, nahm jeder von uns einen aufs Korn. Ich führte ein paar alte Pistolen mit messingenen Läufen, die ich in Fort Gibson gekauft, und die sichtbar Manches mitgemacht. Pistolen sind auf der Büffeljagd sehr brauchbar, da der Jäger nahe an das Thier heranreiten und im vollen Galopp Feuer darauf geben kann, wogegen die langen schweren Büchsen, wie man sie auf der Gränze führt, zu Pferd schwer zu handhaben sind und man damit unmöglich sicher zielen kann. Ich bemühte mich daher, dem Büffel auf Pistolenschußweite nahe zu kommen; dieß war aber kein Leichtes. Das Pferd, das ich ritt, war sehr gut auf den Beinen und äußerst flüchtig; auch schien es feurig bei der Jagd, und so holte es das Wild bald ein; sobald es ihm aber beinahe zur Seite war, machte es Miene abzuspringen, mit gespitzten, vorwärts gereckten Ohren und allen Anzeichen von Abscheu und Angst. Und es war kein Wunder: kein Thier sieht, wenn ihm der Jäger hart zu Leibe geht, so diabolisch aus, wie der Büffel. Die kurzen schwarzen Hörner erheben sich aus einem mächtigen Busche zottiger Haare, die Augen glühen wie Kohlen, das Maul ist offen, die Zunge trocken und halbmondförmig aufwärtsgeschlagen; der Schwanz steht gerade in die Höhe, und der Haarbüschel am Ende peitscht die Luft: aus seinem ganzen Wesen spricht Wuth und Angst im Verein.

Mit Mühe brachte ich mein Pferd nahe genug hinan, zielte, aber zu meinem Verdrusse versagten beide Pistolen. Die Schlösser der alten Geschosse waren so ausgenutzt, daß im Galopp das Zündkraut von den Pfannen gefallen war. Als ich die zweite Pistole abdrückte, war ich ganz nahe am Büffel, da kehrte er sich in der Verzweiflung plötzlich schnaubend um und stürzte auf mich zu. Mein Pferd drehte sich, wie an einem Zapfen, machte einen heftigen Satz, und da ich mich gerade mit vorgestreckter Pistole seitwärts hinausbeugte, so wäre ich beinahe dem Büffel vor die Füße geworfen worden.

Ein paar Sätze des Pferdes brachten uns außerhalb des Bereichs des Feindes, und dieser, der sich nur in der äußersten Bedrängniß gegen mich gekehrt, wandte sich sogleich wieder zur Flucht. Sobald ich mein furchtbar geängstigtes Roß zur Ruhe gebracht und frisches Pulver aufgeschüttet hatte, ging es wieder dem Büffel nach, der im Lauf nachgelassen, um zu verschnauben. Als ich herbeikam, riß er wieder aus, weit vorgelehnt, in schwerem, polterndem Galopp dahinschießend, mit wüthendem Ungestüm durch Büsche und Schluchten brechend, während verschiedene Stücke Rothwild und Wölfe, von seinem donnernden Lauf aufgeschreckt, links und rechts Hals und Kopf hinausstoben.

Ein Wild in vollem Lauf auf den Prairien zu verfolgen, ist keineswegs ein so sanfter Ritt, als man sich vorstellen mag, wenn man sich darunter eine offene, ebene Fläche denkt. Allerdings sind die Prairien des Jagdgebiets nicht so wirr mit grünenden Gewächsen und langem Grase bedeckt, wie die untern Prairien, und größtentheils mit kurzem Büffelgrase bewachsen; aber der Boden ist stark gehügelt, und wo er am ebensten erscheint, häufig von tiefen

Spalten und Schluchten durchschnitten, welche Wasserströme nach
Platzregen eingerissen, und die, schroff in den ebenen Boden einge=
schnitten, sich wie Fallgruben dem Jäger in den Weg legen, indem
er im vollen Laufe jählings anhalten oder Hals und Bein wagen
muß, um darüber zu kommen. Auch gibt es auf den Ebenen eine
Menge, von kleinen Thieren gegrabener Löcher, in welche das
Pferd leicht bis über die Fessel tritt und mit dem Reiter stürzt.
Vom letzten Regen her waren manche Striche der Prairie, wo der
Boden fest ist, mit einer dünnen Wasserschichte bedeckt, durch
welche das Pferd patschen mußte. Anderswo befanden sich unzäh=
lige seichte Gruben, acht bis zehn Fuß im Durchmesser, von den
Büffeln herrührend, die sich wie Schweine im Sand und Morast
wälzen. Sie waren voll Wasser und schimmerten wie Spiegel, so
daß das Pferd jeden Augenblick darüber setzen mußte oder zur Seite
sprang. Wir befanden uns überdieß gerade in einem rauhen, sehr
unebenen und durchschnittenen Striche der Prairie, und der Büffel,
dem es ans Leben ging, achtete gar nicht darauf, wohin er lief
und stürzte sich kopfüber in Schluchten hinab, an deren Rande man
nothwendig erst eine Stelle suchen mußte, wo besser hinabzukommen
war. Endlich kam er an einen Ort, wo ein Winterstrom eine tiefe
Rinne durch die ganze Prairie gerissen und zackiges Gestein bloßge=
legt hatte, eine lange Kluft, von steilen, abbröckelnden Klippen,
aus Stein und Thon untereinander, begränzt. Eine derselben
stürmte der Büffel hinab, halb fallend, halb springend, und rannte
dann unten weiter, während ich, da weiteres Verfolgen nichts
mehr helfen konnte, anhielt und ihm oben von der Klippe ruhig
nachsah, bis er in den Windungen der Kluft verschwand.

Jetzt blieb nichts übrig, als mein Pferd umzuwenden und
meine Begleiter aufzusuchen. Dieß war aber nicht so ganz leicht:
im Waidmannseifer war ich unbedachtsam weit fortgesprengt und
sah mich nun mitten in einer Einöde, wo wellenförmige Hügel,
kahl und einförmig, die Aussicht beschränkten, und wo, weil es
völlig an charakteristischen Formen und an Punkten fehlt, nach
denen man sich richten kann, der Unerfahrne sich so leicht ver=
irrt als auf der wüsten See. Noch dazu war der Himmel bedeckt,
so daß ich mich nicht nach der Sonne richten konnte. Das ein=
zige Mittel war, die Spuren, die mein Pferd beim Herkommen
gemacht, rückwärts zu verfolgen; aber ich verlor sie oft aus dem

Gesichte, wo der Boden mit dürrem Grase bedeckt war. Wer nicht daran gewöhnt ist, für den hat die öde Prairie etwas unbeschreiblich Trübseliges; Waldeinsamkeit ist nichts dagegen. Hier ist die Aussicht durch Bäume beschränkt, und die Einbildungskraft kann sich dahinter etwas Lieblicheres malen; dort aber liegt vor uns eine unermeßlich hingebreitete Landschaft, ohne die Spur eines menschlichen Wesens. Es drängt sich einem das Gefühl auf, daß man weit, weit von allen menschlichen Wohnsitzen ist; es ist einem, als bewegte man sich allein in einer ausgestorbenen Welt. Jetzt, da mein Pferd langsam den Weg zurücklegte, auf dem wir eben dahergeflogen, und das Feuer der Jagd verraucht war, fühlte ich mich doppelt empfänglich für diese Eindrücke. Die Stille der Einöde brach zuweilen hier das Geschnatter eines Trupps Pelikane, die, gespenstergleich, um eine Pfütze in der Ferne herwackelten, dort das unheimliche Geschrei eines Raben in der Luft, während hin und wieder ein schuftiger Wolf vor mir aufsprang, in vorsichtiger Entfernung sich niedersetzte und heulte und winselte, in Tönen, welche die Einöde umher wirklich schauerlich machten. Nachdem ich so eine Zeit lang geritten, gewahrte ich oben auf einer Anhöhe in der Ferne einen Reiter, und bald erkannte ich in ihm den Grafen. Er hatte kein besseres Glück gehabt als ich. Bald darauf stieß auch unser würdiger Freund, der Dilettant, zu uns, der mit der Brille auf der Nase zu Pferde zwei oder drei Schüsse gethan, ohne zu treffen.

Wir beschlossen, das Lager nicht eher aufzusuchen, bevor wir nicht noch einen Versuch gemacht. Wir musterten die Ebene umher und entdeckten etwa zwei Meilen weit weg eine Büffelheerde, welche zerstreut bei einem schmalen Streifen von Buschwerk und Bäumen weidete. Es brauchte keinen starken Aufwand von Phantasie, um sich dabei zu denken, zahmes Rindvieh grase auf einer Gemeindeweide und hinter dem Gebüsche liege ein einsamer Bauerhof.

Unser Plan ging dahin, die Heerde zu umgehen, und sie von jenseits der Gegend zuzujagen, wo unser Lager geschlagen war; machten wir es nicht so, so konnten wir durch die Jagd so weit hinausgeführt werden, daß es uns unmöglich wurde, uns vor Einbruch der Nacht zurückzufinden. Wir machten daher einen weiten Umweg, ritten sachte, vorsichtig dahin und hielten an, sobald wir sahen, daß ein Stück der Heerde aufhörte zu grasen. Zum Glück wehte der Wind von ihnen her, sonst möchten sie uns leicht gewittert haben und scheu geworden seyn. So gelang es uns, um die Heerde herumzukommen, ohne sie aufmerksam zu machen. Sie bestand aus etwa vierzig Stücken, Ochsen, Kühen und Kälbern. Wir gingen jetzt etwas auseinander, und rückten langsam in gleicher Linie vor, in der Hoffnung, allmählich unbemerkt ganz nahe kommen zu können. Sie setzten sich indessen langsam in Gang, und blieben alle paar Schritte wieder stehen, um zu grasen; da sprang auf Einmal ein Ochs, der, unbemerkt von uns, zu unserer Linken unter einer Baumgruppe seiner Ruhe gepflegt hatte, von seinem Lager auf und eilte den andern nach. Wir waren noch ziemlich weit entfernt, aber bereits war das Wild gewarnt. Wir ritten schärfer zu, die Heerde setzte sich in Galopp, und jetzt ging die Jagd los.

Da das Terrain eben war, so sprengten sie sehr rasch dahin, eines hinter dem andern, zwei, drei Ochsen im Nachtrab; der hinterste erschien durch seine ungeheure Größe, durch den ehrwürdigen Stirnbüschel und Bart von sonnenverbranntem Haar als der Altvater der Heerde, und lange schon mochte er als König der Prairie geherrscht haben.

Der Anblick dieser plumpen Thiere ist schrecklich und komisch zugleich; mühsam schieben sie ihre schwere Masse vorwärts, wobei der unbehülfliche Kopf und die Schultern sich beständig auf= und abbewegen; der Schwanz steht in die Höhe, gleich Pantalons Schweif im Puppenspiele, stolz und spaßhaft zugleich flattert die Troddel am Ende in der Luft, und aus den giftig rollenden Augen sprüht Schrecken und Wuth.

Ich sprengte eine Weile neben dem Zuge der Büffel her, war aber nicht im Stande, mein Pferd auf Pistolenschußweite hinanzubringen, so sehr hatte es sich beim Angriffe des Büffels vorhin entsetzt. Endlich gelang es mir doch, aber leider versagten meine Pistolen wieder. Meine Begleiter, deren Pferde nicht so flüchtig und müder waren, konnten die Heerde nicht einholen; endlich schlug der Dilettant, der der Hinterste war und des Terrains wegen nicht weiter konnte, seine Doppelflinte an und that einen sehr weiten Schuß. Er traf einen Büffel über der Lende, zerschmetterte den Rückgrat, und das Thier stürzte. Er hielt an und stieg ab, um seinen Fang

abzu=

abzuthun, da entlehnte ich das Gewehr von ihm, in dem noch ein Schuß war, setzte mein Pferd in vollen Lauf und holte die Heerde wieder ein, die, vom Grafen verfolgt, dahindonnerte. Bewaffnet, wie ich jetzt war, brauchte ich mein Pferd nicht so nahe hinzuzwingen; während ich also neben ihnen dahingaloppirte, nahm ich einen Büffel aufs Korn und brachte ihn durch einen glücklichen Schuß zu Boden. Das Thier war zum Tode getroffen; es vermochte sich nicht mehr aufzuraffen, sondern blieb zappelnd im Todeskampfe liegen, während die Heerde über die Prairie weiter sprengte.

Ich stieg ab, fesselte mein Pferd, damit es sich nicht verlaufen konnte, und trat zu meinem Opfer, es zu betrachten. Ich bin kein Waidmann; die Größe des Wilds, der Reiz einer abenteuerlichen Jagd hatten mich zu dieser ungewohnten Heldenthat getrieben. Jetzt, da die Aufregung vorüber war, konnte ich nicht ohne Mitleid das arme Thier ansehen, das zappelnd und blutend zu meinen Füßen lag. Gerade seine gewaltige Größe, die mich eben in seiner Verfolgung so hitzig gemacht, schärfte jetzt meine Gewissensbisse. Es war mir, als stände das Leiden, das ich verschuldet, im Verhältniß mit der Körpermasse meines Opfers, als wäre hier hundertmal mehr Leben vernichtet, als durch die Tödtung eines kleinern Thiers.

Diese Regungen der Reue wurden dadurch noch empfindlicher, daß der Todeskampf des Thiers andauerte. Wohl war die Wunde tödtlich, aber der Tod konnte erst spät eintreten. Ich konnte es nicht über mich bringen, es so liegen zu lassen, damit es noch lebendig von den Wölfen zerrissen würde, welche bereits sein Blut gewittert, und, meines Abzugs gewärtig, in der Entfernung heulend umherschlichen, so wie von den Raben, welche umherflogen und ihr unheimliches Geschrei hören ließen. Es war jetzt ein Werk der Barmherzigkeit, ihm den Gnadenstoß zu geben und seinem Leiden ein Ende zu machen. Ich schüttete daher frisches Pulver auf eine der beiden Pistolen, und trat nahe zum Büffel heran. Ich fühlte, so mit kaltem Blut eine Wunde schlagen, ist etwas ganz Anderes als in der Hitze der Jagd Feuer geben. Doch ich legte an, gerade hinter der Schulter, und dießmal that die Pistole ihre Schuldigkeit; die Kugel mußte durch das Herz gegangen seyn, denn das Thier zuckte nur noch einmal und verschied.

Während ich über die Zerstörung, die ich so muthwillig angerichtet, meditirte und philosophirte, und mein Pferd neben mir weidete, langte mein Jagdgefährte, der Dilettant, bei mir an, und dieser, der in allem Bescheid wußte, dabei größere Erfahrung hatte und im edeln Waldwerke trefflich bewandert war, machte sich sogleich daran, dem Büffel die Zunge auszuschneiden, und überreichte sie mir, um sie als Siegeszeichen ins Lager zu bringen.

———

Jetzt begannen wir um den jungen Grafen besorgt zu werden. Hitzig und ungestüm wie immer, hatte er sein müdes Pferd der Heerde nachgehetzt, entschlossen, nicht umzukehren, bis er auch einen Büffel geschossen. So hatte er sie hinüber und herüber verfolgt und hin und wieder Feuer gegeben, ohne zu treffen, bis allmählich Reiter und Heerde in der Ferne kaum mehr sichtbar waren, und am Ende Hügel und Waldstreifen sie uns völlig aus dem Gesichte brachten.

Als mein Freund, der Dilettant, zu mir stieß, war vom Grafen längst nichts mehr zu sehen. Wir hielten Rath; der Abend kam herbei; gingen wir ihm nach, so wurde es finster, bevor wir ihn einholten, wenn wir auch seine Spur in der Dunkelheit nicht ganz verloren. Wir hatten uns dann zu weit verirrt, als daß wir uns ins Lager zurückfinden konnten, ja dieß war schon jetzt nicht leicht. Wir beschlossen also so schnell als möglich ins Lager zu eilen und unsere Mestizen und ein paar alte Jäger, die sich aufs Kreuzen in der Prairie verstehen, nach unserem Freund auszusenden.

So machten wir uns denn auf, der Gegend zu, wo unserer Rechnung nach das Lager liegen mußte. Unsere müden Rosse waren kaum aus dem langsamen Schritte zu bringen; die Dämmerung brach mit Macht herein, die Landschaft wurde allmählich unkenntlich, umsonst mühten wir uns, verschiedene Punkte, die wir uns Morgens gemerkt, wieder aufzufinden. Die Landschaft in den Prairien ist so einförmig, daß sich jedes Auge, das des Indiers und des geübten Jägers ausgenommen, verwirrt. Endlich ward es förmlich Nacht. Wir hofften, in der Ferne den Schein der Wachfeuer zu sehen; wir horchten, ob sich nicht das Klingeln der Glocken am Halse der weidenden Pferde vernehmen lasse. Ein paarmal meinten wir es zu unterscheiden, aber wir täuschten uns; es war nichts zu hören als das eintönige Gesumme der Insecten, und hin und wieder das schauerliche Geheul der Wölfe, das sich mit dem Nachtwinde mischte. Wir dachten nachgerade daran,

Halt zu machen und die Nacht über in einem Dickicht zu bivoua=
kiren. Wir konnten Feuer schlagen, Brennholz war in Menge
zur Hand, und zu einem Mahle verhalfen uns die Zungen unserer
Büffel. Eben machten wir uns fertig, abzusteigen, da hörten
wir einen Büchsenschuß und gleich darauf das Horn die Nacht=
wache blasen. Wir ritten in der Richtung weiter, und nicht
lange, so kamen uns die Wachtfeuer zu Gesicht, die in einiger
Entfernung zwischen dem dicken Gehölz auf angeschwemmtem Bo=
den hervorschimmerten.

Als wir ins Lager kamen, fanden wir, daß es daselbst im
rohen Waidmannsstyle hoch herging. Es war heute große Jagd
gewesen, und alles hatte daran Theil genommen; acht Büffel
waren erlegt worden. Aller Orten brannten prasselnde Feuer:
alle Hände hatten vollauf zu thun mit gebratenem Fleisch, geröste=
ten Markknochen und dem saftigen Buckel, der unter den Epiku=
räern in der Prairie in so hohem Rufe steht. Mit großem Beha=
gen stiegen wir ab und nahmen Theil am derben Mahle, denn seit
Morgens waren wir auf unsern müden Rossen gewesen, ohne et=
was zu genießen.

Unsern würdigen Freund, den Commissär, der uns beim Be=
ginne dieses ereignißreichen Tages Gesellschaft geleistet, fanden wir
in einem Winkel des Zeltes ausgestreckt. Wir erfuhren, unser Die=
ner Beatte, in seinem Eifer, dem Commissär eine Gelegenheit zu
verschaffen, wo er sich auszeichnen und seine Jagdlust recht befrie=
digen könne, habe ihn auf sein halbwildes Roß gesetzt und es ei=
nem mächtigen, von den Jägern bereits angehetzten Büffelochsen
nachgejagt. Das Pferd, das so viel Muth wie sein Reiter, und,
gleich ihm, so ziemlich den Teufel im Leib hatte, auch auf das
Wild dressirt war, sah und witterte nicht sobald den Büffel, so
rannte es wie toll davon, und trug den widerstrebenden Reiter her=
über und hinüber, er mochte wollen oder nicht, bergauf, bergab,
über Pfützen und Bäche, über Gräben und Schluchten, bis es das
Wild erjagt. Statt abzuspringen, ging es gerade auf den Büffel
los. Der Commissär drückte, halb aus Nothwehr, beide Läufe ei=
ner Doppelpistole auf den Feind ab; die volle Lage that ihre Wir=
kung, fiel aber nicht tödtlich aus. Wüthend wandte sich der
Büffel gegen seinen Verfolger; das Pferd, der erhaltenen Dressur
gemäß, warf sich herum, der Büffel hinter ihm her. In der

höchsten Noth zog der würdige Commissär seine noch übrige Pistole aus der Halfter, feuerte seine Hinterstücke ab und traf den Büffel mitten in die Brust, daß er vornüber stürzte.

Von allen Seiten wegen seiner Großthat hochgepriesen, aber tüchtig zusammengerüttelt und todtmüde kam der Commissär ins Lager. Er hatte par force einen derben Ritt gemacht und ziemlich wider Willen einen Sieg davon getragen. Er hatte taube Ohren für alle Complimente und Glückwünsche; die Waidmannskost, die vor ihm stand, wollte ihm gar nicht munden, und er zog sich gar bald ins Zelt zurück, seinen Gliedern Ruhe zu gönnen, wobei er erklärte, auf das verteufelte indische Pferd bringe ihn niemand mehr, und er habe für sein Leben lang genug Büffel gejagt.

Es war zu finster, um jemanden nach dem jungen Grafen auszusenden. Man feuerte also von Zeit zu Zeit Gewehre ab und stieß in das Horn, damit er sich ins Lager finden könnte, wenn ihn der Schall noch erreichte; aber die Nacht rückte vor, ohne daß er sich blicken ließ. Kein Stern war am Himmel, nach dem er sich richten konnte, und wir dachten, wo er auch sey, werde er im Finstern nicht weiter umherirren, sondern bis zu Tagesanbruch bivouakiren.

Es war eine rauhe, finstere Nacht; die in der Umgegend des Lagers erlegten Büffel hatten ungewöhnlich viel Wölfe hergelockt, und diese führten mit Geheul und Gewinsel, mit schauerlichen Trillern und Schnörkeln das trübseligste Concert auf, wodurch die Einöde umher buchstäblich zu einer heulenden Wüste wurde. Es gibt nichts Melancholischeres als das Heulen eines Wolfs in der Prairie um Mitternacht. Was die wilde, finstere Nacht und das grausige Concert in der Einöde umher noch schauerlicher für uns machte, das war der Gedanke an die gefahrvolle, hülflose Lage unseres jungen, unerfahrnen Freundes. Wir hofften indessen gewiß, daß er mit Tagesanbruch sich in das Lager finden, und dann, bei seiner Liebe zu Abenteuern, auf alle Erlebnisse der Nacht als auf köstliche Genüsse zurückblicken werde.

Der Morgen graute, und ein paar Stunden verflossen ohne Nachricht vom Grafen. Wir fingen nun an, zu fürchten, er mochte, da er keinen Compaß bei sich hatte, irregeworden seyn und in einer falschen Richtung fortreiten. Auf diese Weise verirren sich Nachzügler oft Tage lang; und er hatte gar keinen Mundvorrath bei sich, verstand lediglich nichts vom Waldleben, und konnte leicht einem lauernden oder streifenden Haufen von Wilden in die Hände fallen. Sobald daher unsre Leute gefrühstückt hatten, riefen wir Freiwillige zu einem Streifzuge nach dem Grafen auf. Nicht lange, so war ein Dutzend Jäger auf den besten, frischesten Rossen, mit Büchsen bewaffnet, gerüstet; unsere Mestizen, Beatte und Antoine, so wie unser kleiner Franzose, schlossen sich voll Eifer an. Der Dilettant und ich stellten uns an die Spitze, um den Weg an den Platz zu zeigen, wo wir zuletzt mit dem Grafen gejagt, und man brach in die Prairie auf. Ein Ritt von ein paar Meilen brachte uns zu den zwei Büffeln, die wir geschossen. Ein Heer räuberischer Wölfe erlustigte sich bereits daran; als wir herbeikamen, schlichen sie sich mit sichtbarem Widerstreben und schuftigen Blicken ein paar hundert Yards zur Seite und harrten unseres Abzugs, um ihr Mahl fortzusetzen.

Ich führte Beatte und Antoine zu der Stelle, von wo der Graf die Jagd allein fortgesetzt. Es war, als brächte man Hunde auf die Fährte; sogleich fanden sie die Spur seines Pferdes aus den Fußstapfen der Büffel heraus, und ritten in starkem Schritt, immer die Spur im Auge, fast ganz gerade aus, über eine Meile weit fort, da kamen sie zu einer Stelle, wo die Heerde aus einander gelaufen und auf einer Wiese hin und hergerannt war. Hier war die Spur des Pferdes zerworfen und kreuzte sich mannichfach; unsere Mestizen gebärdeten sich wie Hunde, welche die Spur verloren. Während wir alle hielten und warteten, bis sie das Labyrinth entwirrt hätten, ließ Beatte einen kurzen, indischen Ruf, oder vielmehr ein Bellen hören, und wies auf eine Anhöhe in der Ferne. Als wir scharf hinblickten, gewahrten wir oben einen Reiter. „Es ist der Graf!" rief Beatte und sprengte im Galopp davon, der ganze Haufe ihm nach. Aber nach wenigen Augenblicken hielt er sein Pferd an; eine zweite Gestalt zu Pferde war oben auf dem Hügel erschienen. Dieß änderte die Sache ganz: der Graf hatte sich allein verirrt, niemand wurde sonst im Lager vermißt. War einer der Reiter wirklich der Graf, so mußte der andere ein Indier seyn, und dann, aller Wahrscheinlichkeit nach, ein Pawnee. Vielleicht waren Beide Indier, Lauerposten eines in der Nähe versteckten Trupps. Während diese und andere Vermuthungen hastig besprochen wurden, glitten die Reiter über das Profil des Hügels hinunter und kamen uns aus dem Gesicht. Einer der Jäger äußerte, hinter dem Hügel stecke wohl eine Streifpartie von Pawnees, und der Graf werde ihnen in die Hände gefallen seyn. Diese Vorstellung wirkte elektrisch auf den kleinen Haufen; im Nu waren alle Pferde angesprengt, die Mestizen jagten voraus, die jungen Jäger jauchzten laut vor Freude, mit Indiern handgemein zu werden. Ein rasender Galopp brachte uns auf die Anhöhe und zeigte uns unsern Irrthum: in einer Schlucht sahen wir die beiden Reiter bei einem Büffel stehen, den sie geschossen: es waren zwei Jäger, die, ohne daß wir es wußten, etwas früher als wir das Lager verlassen; sie waren geradeswegs hiehergekommen, während wir einen Umweg über die Prairie gemacht hatten.

Als diese Episode mit der dadurch hervorgebrachten augenblicklichen Aufregung vorüber war, traten wir langsam abgekühlt, unsern Rückweg zu der Wiese an, es währte aber eine Weile, bis unsere Mestizen wieder auf die Fährte des Grafen kamen. Sie fanden sie endlich und verfolgten sie durch alle ihre Windungen bis zu einer Stelle, wo sie nicht mehr mit Büffelspuren vermischt war, sondern einzeln über die Prairien hin und her, beständig aber in einer vom Lager abgekehrten Richtung dahinlief. Man sah, hier hatte der Graf die Verfolgung der Heerde aufgegeben, hatte versucht, sich ins Lager zurückzufinden, aber bei einbrechender Dunkelheit den Weg verloren und sich in der Lage der Himmelsgegenden völlig geirrt.

Auf diesem ganzen Streifzuge zeigten unsere Mestizen jene Scharfsichtigkeit in Verfolgung einer Spur, wofür die Indier so berühmt sind. Beatte namentlich war fast wie ein ausgelernter Spürhund. Zuweilen trabte er leicht dahin, die Augen an den Boden geheftet, und sah dabei deutlich Eindrücke auf dem Grase, welche ich kaum bei der genauesten Untersuchung bemerkte; zuweilen ritt er ganz sachte und blickte unverwandt zur Erde, wo ich rein nichts mehr sah. Dann stieg er ab, nahm sein Pferd am Zügel, ging, das Gesicht niedergebeugt, Schritt vor Schritt vorsichtig dahin und erhaschte hier und dort eine ganz zufällige, fast ganz unmerkliche Spur, die ihn weiterleitete. Einigemale, wo der Boden fest und das Gras dürr war, verlor er die Spur völlig und lief vorwärts und rückwärts, rechts und links, sie wieder zu bekommen, kehrte auch wohl zur Stelle zurück, wo er sie zum letztenmal bemerkt, um eine andere Richtung zu versuchen. Gelang dieß nicht, so sah er am Ufer eines Wassers in der Nähe oder auf dem sandigen Grunde der Schluchten nach, in der Hoffnung, die Stelle zu finden, wo der Graf übergesetzt. Kam er wieder auf die Spur, so stieg er zu Pferd und verfolgte sie weiter. Endlich, nachdem wir über ein Wasser gegangen, in dessen losem Ufer sich die Hufe des Pferdes tief eingedrückt hatten, kamen wir auf eine hohe, dürre Prairie, und hier wurden unsere Mestizen völlig irre. Keine Spur war zu entdecken, obgleich sie ringsum suchten, und Beatte ließ endlich ab und schüttelte sehr bedenklich den Kopf.

In diesem Augenblick brach ein kleiner Rudel Rehe aus einer Schlucht in der Nähe hervor und sprengte auf uns zu. Beatte sprang vom Pferde, schlug seine Büchse an und schoß eines an, aber nur leicht, so daß es nicht stürzte. Gleich nach dem Knall der Büchse hörten wir ein lautes Halloh in einiger Entfernung. Wir blickten umher, sahen aber nichts; ein zweites lautes Halloh, und nicht lange, so kam ein Reiter aus einem Walde hervor. Auf den ersten Blick erkannten wir in ihm den jungen Grafen; der ganze Trupp brach in ein lautes Freudengeschrei aus, und alle sprengten vorwärts, ihn zu begrüßen. Es war für beide Theile ein frohes Wiedersehen, denn wir hatten in Betracht seiner Jugend und Unerfahrenheit sehr bange um ihn gehabt, und er war bei aller seiner Liebe zu Abenteuern herzlich froh, da er sich wieder bei den Seinigen sah.

Wie wir gedacht, hatte er sich am Abend in der Richtung völlig geirrt und war fortgeritten, bis es finster wurde, worauf er sich entschloß, zu bivouakiren. Die Nacht war kühl, er getraute sich aber nicht, Feuer anzumachen, aus Furcht, es möchte ihn umherstreifenden Indiern verrathen. Er fesselte sein Pferd mit seinem Schnupftuch, ließ es am Rande der Prairie weiden, kletterte auf einen Baum, befestigte seinen Sattel zwischen den Aesten, setzte sich darauf, den Rücken gegen den Stamm und machte sich, zumal ihm die Wölfe hie und da ein Stückchen vorheulten, auf eine bange schauerliche Nacht gefaßt. Er sah sich angenehm getäuscht, in Folge der gehabten Anstrengung verfiel er bald in gesunden Schlaf, träumte angenehm von seinem Heimwesen in der Schweiz und wachte nicht

eher auf, als bis es heller Tag war. Er kletterte nun von seiner
Hühnerstange herab, bestieg sein Pferd und ritt auf eine kahle An‍=
höhe, von wo er eine pfadlose Wildniß überblickte, aber nicht sehr
weit den Grand=Canadian sich zwischen bewaldeten Ufern hinschlängeln
sah. Der Anblick des Flusses tröstete ihn mit dem Gedanken, daß,
sollte er sich nicht ins Lager zurückfinden können oder nicht von einer
Abtheilung der Seinigen aufgefunden werden, er dem Laufe des
Stroms folgen und sich so zu einem Gränzposten oder einem indischen
Dorfe durchschlagen könne. Damit waren die Abenteuer unserer
mißlichen Büffeljagd zu Ende.

―――――

Bei der Rückkehr von unserer Streiferei auf den jungen Grafen
hörte ich, ein großer Bau, oder, wie man es nennt, ein Dorf
von Prairiehunden sey auf dem ebenen Gipfel eines Hügels, etwa
eine Meile vom Lager, entdeckt worden. Gegen Abend ging ich
mit einem Begleiter hinaus, es zu besuchen. Der Prairiehund
ist ein kleines Thier vom Kaninchengeschlecht, ungefähr so groß
wie das unsrige, munter, aufgeweckt, sogar muthwillig. Das
Thier ist sehr gesellig und lebt in großen Gemeinden, deren Woh‍=
nungen oft mehrere Morgen Landes bedecken, wo stark betretene Pfade
von der Rührigkeit und Geschäftigkeit der Einwohner Zeugniß ab‍=
legen. Es ist auch, als hätten sie immer vollauf zu thun, sey's
die Zeit zu vertreiben, oder öffentliche und Privatgeschäfte zu be‍=
sorgen; beständig huschen sie hin und her, als besuchten sie einander
in ihren Höhlen, oder sitzen im Freien beisammen und tummeln sich
an den kühlen Abenden nach Regenschauern. Zuweilen erlustigen sie
sich halbe Nächte lang und bellen und kläffen leise dazu, wirklich
wie junge Hunde; aber beim geringsten Lärm verschwinden alle in den
Behausungen, und im Dorf ist es völlig einsam und still. Ueberrascht
man sie, daß sie nicht entspringen können, so machen sie sich zum
Widerstand fertig, und ihr unmächtiger kriegerischer Trotz läßt
äußerst komisch.

Die Prairiehunde sind aber nicht die einzigen Bewohner dieser
Dörfer. Eulen und Klapperschlangen sollen unter ihnen hausen,
ob aber als geladene, oder als zudringliche Gäste, darüber ist
man nicht einig. Die Eulen sind von besonderer Art, sehen
lebendiger aus, sind hochbeiniger, fliegen rascher als die gewöhn‍=

lichen, und am hellen Tage. Nach Einigen bewohnen sie nur die verfallenen Höhlen der Prairiehunde, welche von letztern verlassen worden, weil ihnen ein Verwandter darin gestorben; es soll dem Gefühle dieser sonderbaren kleinen Geschöpfe zuwiderlaufen, an einem Orte zu bleiben, wo sie einen der Jhrigen verloren haben. Andere behaupten, die Eule sey eine Art von Haushälterin beim Prairie= hund, und da ihr Geschrei fast ganz klingt wie das seinige, so meint man sogar, sie lehre die Jungen bellen und versehe so das Amt eines Hauslehrers. Was die Klapperschlange betrifft, so konnten wir nichts Bestimmtes darüber erfahren, welche Rolle sie im Haushalte der kleinen Gemeinde spielt; Manche erklären sie gerade= zu für einen Schelm und Verräther und behaupten, sie nehme schnubberweise die braven, leichtgläubigen kleinen Prairiehunde zu sich, und daraus, daß man hin und wieder ein junges Mitglied der Familie in ihrem Magen findet, geht sattsam hervor, daß sie sich insgeheim nach etwas Besserem als Aschenbrödels=Kost umsieht.

In Folge dessen, was ich von diesen geselligen, polizirten Thierchen erzählen hörte, wanderte ich mit lebendigem Interesse ihrem Dorfe zu. Leider war es im Laufe des Tages bereits von einigen Jägern besucht und von diesen sogar zwei oder drei Bürger erschossen worden. Daher war die ganze Gemeinde aufgeregt und erbittert; es mußten ringsum Wachposten ausgestellt gewesen seyn, denn als wir uns näherten, schienen die Pikete hineinzueilen und Lärm zu schlagen, worauf die vorsichtigen Bürger, die am Eingang ihrer Höhlen saßen, ein kurzes Bellen hören ließen und unter die Erde fuhren, wobei ihre Hinterbeine in der Luft baumelten, als hätten sie einen Purzelbaum geschlagen.

Wir gingen durch das ganze Dorf, das etwa dreißig Morgen Landes umfaßte. Kein einziger Bewohner ließ sich blicken. Den Boden bedeckten zahllose Löcher auf kleinen Erdhügeln, die das Thier beim Graben aufgeworfen; sie waren leer, soweit wir es mit unsern Ladstöcken untersuchen konnten; auch brachten wir kein Thier heraus, weder Hund, noch Eule, noch Klapperschlange. Wir gingen leise ein Stück weit hinaus, legten uns auf den Boden nieder und lauerten lange, ohne uns zu rühren. Allgemach streckte nahe bei uns hier und dort ein vorsichtiger alter Bürger die Schnauze hervor, zog sie aber rasch wieder zurück. Weiterhin kamen einige ganz heraus, aber kaum wurden sie unser ansichtig, so machten sie einen Purzelbaum und schlüpften in ihre Löcher. Die am entgegengesetzten Ende des Lagers bekamen endlich wieder Muth, da es so lange still blieb, und huschten herum von einer Behausung zur andern, als wollten sie Verwandte und Gevattern besuchen und die Berichte über die letzten Vorfälle austauschen. Andere, noch kecker, traten in kleinen Gruppen auf Straßen und öffentlichen Plätzen zusammen, um über den dem Gemeinwesen neuerlich zugefügten Schimpf und die himmelschreiende Ermordung ihrer Mitbürger zu deliberiren. Wir erhoben uns vom Boden und gingen langsam vorwärts, um sie mehr in der Nähe zu sehen, da lief es von Mund zu Mund: kläff! kläff! im Nu stob alles auseinander, nach allen Seiten hin sah man Füße trippeln, und im Moment waren alle unter dem Boden.

Die Dämmerung machte weitern Untersuchungen ein Ende; aber nach der Rückkehr ins Lager hörten wir noch tief in die Nacht hinein aus dem Dorfe herüber einen dumpfen Lärm, als ob die Einwohnerschaft in allgemeiner Versammlung einen großen Mann beklagte, den das Gemeinwesen verloren.

Während man das Frühstück rüstete, ward hinsichtlich unserer weiteren Bewegungen Rath gepflogen. Seit ein paar Tagen gaben die Jäger Zeichen von Mißvergnügen zu erkennen. Die meisten, des Lebens in den Prairien ungewohnt, waren der Entbehrungen desselben, so wie des Zwangs im Lager müde. Das Brod wurde schmerzlich vermißt, und man fühlte sich erschöpft vom beständigen Marschiren. Der Reiz der Neuheit, den die Expedition gehabt, war einmal vorüber; sie hatten das Reh, den Bären, das Elen, den Büffel und das wilde Pferd gejagt, und es gab nichts mehr, dem sie mit besonderem Interesse entgegensehen konnten. So gab sich denn der Wunsch, daß man umkehren möchte, allgemein zu erkennen.

Sehr triftige Gründe bestimmten den Capitän und seine Officiere, diesen Entschluß wirklich zu fassen. Unsere Pferde waren von den Strapazen auf dem Marsch und der Jagd fast durchgängig äußerst abgemattet, und der Mangel an gutem Futter und der Umstand, daß man sie zum Schutze vor den räuberischen Indiern bei Nacht anbinden müssen, hatten sie schrecklich heruntergebracht. Es war überdieß, als ob die letzten Regen aus dem wenigen noch übrigen

Gras allen Nahrungsstoff weggeschwemmt hätten, und seit wir damals im Gewitter gelagert gewesen, hatten die Rosse an Fleisch und Kraft rasch abgenommen. Trotz aller möglichen Sorgfalt verlieren Pferde, welche an Getreide und an das regelmäßige, reichliche Futter im Stalle gewohnt sind, auf dem Marsche durch die Prairien Muth und Gesundheit. Bei allen Expeditionen, wie die unsrige, sind die starken indischen Pferde, die meistens Mustangs sind, das heißt halb vom wilden Schlag abstammen, vorzuziehen. Sie trotzen allen Strapazen und Entbehrungen und gedeihen bei dem Gras und den wilden Kräutern der Ebenen. Ueberdieß waren unsere Leute sehr unvorsichtig gewesen, und hatten, so oft sich die Gelegenheit bot, dem Wilde, das auf dem Marsche vor uns aufging, im Galopp nachgesetzt. So hatten sie ihre Pferde abgehetzt, statt ihre Kraft und ihren Muth zu sparen. Auf einem Zuge der Art sollten die Pferde so selten als möglich aus dem ruhigen Schritte gebracht werden, und die Tagmärsche dürfen im Durchschnitt nicht über zehn Meilen stark seyn.

Wir hatten gehofft, bei weiterem Vordringen die Ufergründe des Red-River zu erreichen, wo es junges Rohr, ein für das Vieh in dieser Jahrszeit äußerst nahrhaftes Futter, in Menge gibt. Es war just die Zeit, wo die indischen Jagdgesellschaften die Prairien in Brand stecken; das Gras in diesem ganzen Landstriche war dürr und leicht verbrennlich; mit jedem Tage war mehr zu fürchten, daß die Prairien zwischen uns und dem Fort von einem heimziehenden Haufen Osagen angezündet werden, und wir eine verbrannte Wüste zu durchwandern haben möchten. Kurz, wir waren zu spät im Jahr aufgebrochen, oder hatten uns Anfangs auf dem Marsche zu lang aufgehalten, als daß wir unsern ursprünglichen Plan ganz hätten ausführen können; wir mußten, wenn wir weiter zogen, sehr fürchten, größtentheils um unsere Pferde zu kommen und, abgesehen von andern Uebelständen, zu Fuß heimziehen zu müssen. Man beschloß also, das weitere Vorrücken aufzugeben, das Gesicht gegen Südost zu kehren und so rasch als möglich nach Fort Gibson zurückzumarschiren.

Kaum war der Entschluß gefaßt, so legte man auch rüstig die Hand ans Werk, ihn zu vollziehen. Indessen wurden mehrere Pferde vermißt, unter andern die des Capitäns und des Chirurgen.

Es waren Einige hinausgegangen, sie zu suchen, aber der Morgen
verstrich, ohne daß man etwas von ihnen hörte. Da wir uns
allermittelst völlig marschfertig gemacht, beschloß der Commissär,
mit seiner ursprünglichen Bedeckung von vierzehn Mann nebst einem
Lieutenant vorauszugehen und den Capitän mit dem Hauptcorps
nach Bequemlichkeit nachrücken zu lassen. Um zehn Uhr brachen
wir demzufolge auf, unter Beatte's Führung, der schon früher in
diesem Landstriche gejagt hatte und den geraden Weg zur Garnison
kannte. Eine Weile zogen wir am Saume der Prairien in süd=
östlicher Richtung hin und sahen im Laufe des Marsches wilde
Thiere aller Art, Rehe, weiße und schwarze Wölfe, Büffel und
wilde Pferde. Letztern jagten unsere Mestizen und Toni vergeblich
nach und machten damit ihre bereits abgetriebenen Rosse nur noch müder.
Ueberhaupt werden bei diesen Hetzjagden meistens nur die schwächern
und minder flüchtigen Pferde gefangen, während das Pferd des
Jägers leicht zu Schanden geritten wird. Letzterer setzt wirklich
ein gutes Pferd daran, um ein schlechtes zu fangen. Toni, der
zu Pferd ein wahrer Satan und dafür bekannt war, daß er jedes
Thier, das er bestieg, zu Grunde richtete, ritt bei dieser Gelegen=
heit den kräftigen Grauschimmel, mit dem wir ihn beim Ausmar=
schiren beritten gemacht, lahm und machte ihn fast unbrauchbar.

Nach wenigen Meilen verließen wir die Prairie und wandten
uns ostwärts auf einem alten Kriegspfade der Osagen, wie Beatte
versicherte. Er führte uns durch einen rauhen, mit verkrüppelten
Wäldern und verworrenem Dickicht bewachsenen, von tiefen Schluch=
ten und fließenden Wassern, den Quellen des Little=River, durch=
schnittenen Landstrich. Gegen drei Uhr lagerten wir bei einigen
Wasserpfützen in einem Thälchen, nachdem wir gegen vierzehn Meilen
zurückgelegt. Wir hatten aus dem letzten Lager Mundvorrath mit=
gebracht, und unser Abendessen, das uns trefflich schmeckte, be=
stand aus geschmortem Büffelfleisch, geröstetem Wildpret, Kuchen
aus Mehl, mit Bärenfett gebacken, und Thee von einer Art
Goldruthe, die überall auf unserm Wege wuchs, ein Getränk,
das fast so gut schmeckte als Kaffee; unser Kaffee, der, so lange
er vorhielt, nach dem Brauch im Westen, bei jeglichem Mahle figurirt
hatte, war freilich nichts weniger als ein preiswürdiges Getränk.
Er wurde in einer Bratpfanne, eben nicht sehr sorgfältig geröstet,
in einem ledernen Sacke mit einem runden Steine zerstampft und in

unserm vornehmsten und so ziemlich einzigen Küchengeschirr, dem Feldkessel, mit Bachwasser gekocht, das in den Prairien durch die in ihm aufgelös'ten und suspendirten Erdtheile immer stark gefärbt ist. Wir hatten wirklich auf unserer Reise alle möglichen Bodenarten gekostet, und die Wasser alle, die wir getrunken, waren in der Farbe, wenn auch nicht im Geschmacke so verschieden als die Tincturen in einer Apotheke. Reines, klares Wasser ist ein seltener Genuß in den Prairien, wenigstens zu dieser Jahreszeit.

Nach dem Essen stellten wir Posten um unser kleines, gewaltig geschmolzenes Lager, breiteten unsere Häute und Decken unter die jetzt fast völlig entlaubten Bäume und schliefen gesund bis zum Morgen.

Der Tag brach herrlich an, und im Lager erschollen wieder einmal muntere Stimmen: jedermann fühlte sich belebt beim Gedanken, bald wieder im Fort zu seyn und sich an Brod und Pflanzenkost zu laben. Selbst unser grämlicher Bursche, Beatte, schien dießmal lebendig zu werden, und ich hörte ihn, als er die Pferde zum Aufbruch eintrieb, ein höchst trübseliges indisches Lied durch die Nase singen. Doch diese Munterkeit hatte nicht lange Bestand vor den Beschwerden unseres Marsches, der uns, gerade wie gestern, durch ein rauhes, unebenes, verwachsenes Land führte. Im Laufe des Morgens gelangten wir ins Thal des Little-River, wo er sich durch einen breiten Grund von aufgeschwemmtem Lande windet. Er war aus seinen Ufern getreten und hatte das Thal großentheils überschwemmt. Schwer ließ sich der eigentliche Strom von den seichten Wasserflächen unterscheiden, die er gebildet, und ein Platz finden, wo man übersetzen konnte; denn er war größtentheils tief und schlammig, mit abschüssigen, losen Ufern. Unter Beatte's Anführung zogen wir daher eine Zeit lang an dem vielfach gewundenen Ufer hin, für uns ein pfadloses Labyrinth von Sumpf, Dickicht und stehenden Wassern. Zuweilen schleppten sich unsere müden Rosse nur mit der größten Anstrengung vorwärts, denn lange Strecken ging das Wasser bis zu den Steigbügeln, und auf dem Boden befanden sich Wurzeln und kriechende Gewächse. Ein andermal mußten wir uns durch dickes Gestrüpp von Dornen und wilden Reben, welche uns beinahe aus den Sätteln zogen, Bahn brechen. Einmal sank eines der Packpferde in den Schlamm, fiel auf die Seite und wurde nur mit der größten Anstrengung wieder herausgezogen. Wo der Boden nackt war und auf allen Sandbänken sah man zahllose Spuren von Bären, Wölfen, Büffeln, wilden Pferden, Truthühnern und Wasservögeln, ein Beweis, welch treffliche Wildbahn dieses Thal abgeben mußte; aber unsere Leute hatten das Jagen satt und waren zu müde, um durch Anzeichen angeregt zu werden, durch welche sie zu Anfang unseres Marsches in fieberhafte Aufregung versetzt worden wären. Sie hatten jetzt für nichts Sinn, als ihres Wegs zur Festung zu ziehen. Endlich entdeckten wir eine Furth und setzten sämmtlich über den Little=River, wobei uns Wasser und Schlamm bis zum Sattelgurt gingen, und machten dann anderthalb Stunden lang Halt, um das nasse Gepäck auszubreiten und den Pferden Ruhe zu gönnen.

Nachdem wir wieder aufgebrochen, gelangten wir auf eine liebliche kleine, mit Gehölz von Ulmen und Baumwollenbäumen eingefaßte Wiese, auf welcher ein hübscher Rappe weidete. Beatte, der vorausritt, winkte uns zu halten; sein Pferd war eine Stute, er ritt sachte, Schritt vor Schritt vorwärts und ahmte das Wiehern seines Pferdes zum Bewundern trefflich nach. Der edle Renner der Prairien sah eine Weile herüber, schnopperte, wieherte, spitzte die Ohren und stieg zierlich rings um die Stute her, doch zu weit weg, als daß Beatte seinen Lariat hätte werfen könnten. Es war ein prächtiges Thier im Stolz und Adel seiner Natur. Es war herrlich anzusehen, wie hoch und leicht es den Kopf trug, wie frei es in allen Bewegungen war, wie elastisch es sich über die Wiese hinbewegte. Da Beatte nicht nahe genug kommen konnte, um ihm die Schlinge überzuwerfen, und er sah, daß das Roß zurückwich und nachgerade scheu wurde, so glitt er vom Sattel herab, schlug die Büchse auf dem Rücken seiner Stute an, und zielte, offenbar in der Absicht, das Pferd anzuschießen. Das Herz pochte mir vor Angst um das edle Thier, und ich rief Beatte zu, abzusetzen; es war zu spät, eben da ich den Mund aufthat, drückte er ab. Zum Glück schoß er nicht so sicher wie sonst, und zu meiner Freude sah ich das kohlschwarze Roß unverletzt in den Wald setzen.

Von diesem Thal aus ging es wieder über zerklüftete Höhen und durch rauhe Wälder, ein Marsch, für Roß und Reiter gleich anstrengend. Die Wände der Schluchten bestanden überdieß aus rothem Thon und waren oft so steil, daß die Pferde abwärts die Füße zusammenthaten und sachte hinabglitten, die andere Wand dagegen wie Katzen hinanklimmten. In den Thälern fanden wir hie und da ein Gebüsch Schlehen und die Früchte des Persimmon, und die Gier, mit der unsere Leute aus Reih und Glied eilten, und diesen armseligen Früchten nachliefen, zeigte, wie sehr ihnen vegetabilische Nahrung Bedürfniß war, nachdem sie so lange bloß von thierischer Kost gelebt.

Nach drei Uhr lagerten wir uns an einem Bach auf einer Wiese, wo es etwas Gras für unsere halbausgehungerten Pferde gab. Da Beatte im Laufe des Tages einen fetten Bock geschossen, und einer von uns einen hübschen Truthahn, so fehlte es nicht an Mundvorrath.

Es war ein herrlicher Herbstabend; der Horizont war nach Sonnenuntergang hell apfelgrün, was allmählich in tiefes Purpurblau verlief. Ein schmaler, mahagonifarbiger, mit Gold gesäumter Wolkenstreif schwamm im Westen, und just darunter stand der Abendstern, im reinen Lichte des Diamanten schimmernd. Im Einklang mit dieser Scene stand das Abendconcert mannichfacher Insecten, deren vermischte Laute zu einem ernsten, fast melancholischen Tone zusammenflossen, der, wie ich immer erfahren, sänftigend auf den Geist wirkt und ihn zu ruhigem Hinbrüten stimmt.

Auch die Nacht war sehr schön. Nachdem sich die milden Jäger noch eine kleine Weile murmelnd an ihren Feuern unterhalten, überließen sie sich dem Schlaf. Es war schwacher Mondschein, und als der Mond, der im zweiten Viertel stand, untergegangen war, schönes Sternlicht mit vielen Sternschnuppen. Es ist ein wahrer Genuß, wenn man so in den Prairien bivouakirt, ausgestreckt zu den Sternen aufzublicken: es ist, als betrachtete man sie auf dem Verdeck zur See. Man schließt in solch einsamen Momenten mit der herrlichen Lichtwelt dort oben jenen Bund, der die Schäfer des Orients auf der nächtlichen Weide zu Sternkundigen machte. Wie oft, wenn ich den milden, wohlthuenden Schein betrachtete, gedachte ich der herrlichen Textesworte bei Hiob: „Kannst du die Bande der sieben Sterne zusammenbinden, oder das Band des Orion auflösen?" Ich weiß nicht, wie es kam, aber die feierliche Pracht des Firmaments machte diese Nacht einen ungewöhnlichen Eindruck auf mich, und wie ich so unter dem unermeßlichen Gewölbe des Himmels lag, war mir, als ob mit der reinen Luft erheiternd eine geistige Spannkraft, ja eine köstliche Seelenruhe in mich überströmte. Ich schlummerte und wachte abwechselnd, und wenn ich schlummerte, so kleideten sich auch meine Träume in das freundliche Gewand meiner wachen Gedanken. Gegen Morgen kam eine der Schildwachen, der älteste Mann in der Truppe, und ließ sich bei mir nieder; er war müde und schläfrig, und sah ungeduldig der Ablösung entgegen. Er hatte auch gen Himmel gesehen, aber mit ganz andern Empfindungen; er sagte: „wenn ich in den Sternen recht sehe, so bricht der Tag bald an." — „Ganz gewiß," sagte Beatte, der ganz in der Nähe lag, „eben habe ich eine Eule gehört." — „Schreit denn die Eule um Tagesanbruch?" fragte ich. — „Ja, Herr, just wie der Hahn kräht." So wurde ich denn von Seite des Vogels der Weisheit mit einer gemeinnützigen Gewohnheit bekannt. Weder Sterne, noch Eule straften den Glauben Lügen, denn nicht lange, so zeigte sich ein schwacher Lichtstreif am Morgenhimmel.

Die Gegend, durch die wir diesen Morgen (2 November) kamen, war nicht so rauh und freundlicher als die, welche unmittelbar hinter uns lag. Um eilf Uhr kamen wir auf eine weite Prairie heraus, und etwa sechs Meilen zu unserer Linken sahen wir einen langen Streif grüner Wälder, der den Lauf des nördlichen Arms des Arkansas bezeichnete. Am Saume der Prairie und in einem weiten Gehölze von herrlichen Bäumen, die einen kleinen Bach beschatteten, befanden sich die Spuren eines alten Jagdlagers von Creek-Indiern. An der Rinde der Bäume sah man Bilder von Jägern und Squaws (Weibern) roh mit Kohle gezeichnet, außerdem mancherlei Zeichen und Hieroglyphen, die, nach der Erklärung unserer Mestizen, bedeuteten, daß die Jäger von diesem Lager aus heimgezogen.

An diesem hübschen Lagerplatze hielten wir über Mittag. Wir ruhten unter den Bäumen aus, da hörten wir nicht gar weit weg lautes Geschrei, und gleich darauf kamen der Capitän und das Hauptcorps der Jäger, die wir vor zwei Tagen verlassen, aus dem Dickicht hervor, setzten über den Bach und wurden im Lager herzlich willkommen geheißen. Der Capitän und der Doctor waren ihrer

rer Pferde nicht wieder habhaft geworden und hatten den Weg zum größern Theile zu Fuß zurücklegen müssen; trotz dem waren sie ungewöhnlich schnell hergekommen.

Wir setzten gegen ein Uhr in östlicher Richtung, schief auf den nördlichen Ast des Canadian zu, unsern Marsch fort. Es wurde spät, bevor wir einen guten Lagerplatz fanden; die Flußbetten waren ausgetrocknet und die Prairien an manchen Stellen von indischen Jägern verbrannt; endlich trafen wir Wasser auf einem schmalen Strich angeschwemmten Landes, wo auch die Weide erträglich war.

Am folgenden Morgen wetterleuchtete und donnerte es leise gegen Morgen, und Wolken begannen am Horizont aufzuziehen. Beatte prophezeyte Regen und sagte: der Wind werde sich nach Norden drehen. Im Lauf unseres Marsches sahen wir über uns einen Flug Kraniche von Norden herziehen; „da kommt der Wind!" sagte Beatte, und wirklich, auf der Stelle beinahe begann er aus jener Ecke zu blasen, und brachte uns hie und da einen Regenschauer. Gegen halb zehn Uhr setzten wir über den nördlichen Ast des Canadian und lagerten uns um ein Uhr, damit unsere Jäger Zeit hätten, die Umgegend nach Wild zu durchstreifen; denn im Lager begann ernstlich Mangel einzureißen. Unsere Leute hatten, wie gewöhnlich, ganze Lasten Büffelfleisch im Lager auf der großen Prairie zurückgelassen, und da sie seitdem einen Eilmarsch gemacht, wobei keine Zeit zum Jagen blieb, so waren sie von allem Proviant entblößt und völlig ausgehungert. Manche hatten seit Morgens früh Tags zuvor gar nichts zu sich genommen. Als sie nach der Büffeljagd in Ueberfluß schwammen, hätte sie niemand glauben gemacht, daß sie sobald Hungersnoth leiden würden.

Die Jäger hatten nicht viel ausgerichtet. Das Wild war in diesem Landstriche von indischen Jagdgesellschaften, die kurz vor uns hier gewesen, verscheucht worden. Zehn bis zwölf wilde Truthühner wurden eingebracht, aber kein Stück Wild hatte sich blicken lassen. Die Jäger würdigten nachgerade die Truthühner, ja selbst die Prairiehühner ihrer Aufmerksamkeit, ein Wild, das ihnen bisher zu schlecht für ihre Büchsen gewesen war.

Die Nacht war kalt und windig, hie und da mit etwas Regen; aber wir hatten flackernde Feuer, bei denen uns ganz behaglich war. In der Nacht zog ein Flug wilder Gänse unter gewaltigem Geschnatter über das Lager hin, ein Zeichen des bevorstehenden Winters.

Wir machten uns am nächsten Morgen bei guter Zeit in nordöstlicher Richtung auf und kamen auf die Spur eines Zuges von Creek-Indiern, was unsern armen Pferden den Marsch erleichterte. Wir betraten eine schöne, offene Gegend; von einer Anhöhe hatten wir eine herrliche Aussicht über weitgedehnte Prairien, reizend durchschnitten von Gebüschen und Waldstreifen, und begränzt von langen fernen Höhenzügen, die alle im reichen, weichen Farbenschmucke des Herbstes prangten. Auch gab es hier mehr Wild; ein hübscher Bock sprang aus dem Grase zu unserer Rechten auf und fuhr in vollem Laufe hinaus; aber ein junger Jäger, der zu Fuß war, schlug seine Büchse an, und die Kugel fuhr dem springenden Thier in den Hals, daß es kopfüber zu Boden stürzte. Ein weiterer Bock und eine Geiß, verschiedene Truthühner ungerechnet, wurden geschossen, bevor wir Halt machten, so daß die hungrigen Mäuler unserer Leute wieder einmal voll wurden.

Gegen drei Uhr lagerten wir in einem Gehölze nach einem Eilmarsche von fünf und zwanzig Meilen, der eine schwere Prüfung für die Pferde gewesen war. Lange nachdem die Spitze der Colonne bereits gelagert war, rückte der Rest ein, ihrer zwei, drei miteinander; eines unserer Packpferde war etwa neun Meilen rückwärts liegen geblieben, und kurze Zeit darauf ein Beatte zugehöriger Klepper. Viele Pferde sahen so schwach und elend aus, daß man zweifelte, ob sie das Fort würden erreichen können. In der Nacht regnete es stark, und bei Tagesanbruch war es bewölkt und trübe. Trotzdem herrschte einigermaßen die frühere Lustigkeit im Lager. Die Jäger hatten gut zu Nacht gegessen und fühlten sich neu belebt durch die Hoffnung, bald in die Garnison zu gelangen. Ehe wir aufbrachen, kam Beatte und brachte mit großer Mühe seinen Klepper ins Lager. Das Packpferd aber war völlig zu Schanden gerichtet, und man mußte es liegen lassen. Auch die wilde Stute hatte aus Schwäche ihr Füllen gebracht und konnte nicht mehr weiter. Sie und der Klepper wurden daher im Lager zurückgelassen; es gab hier Wasser und gute Weide, sie konnten sich leicht wieder erholen und mochten später wieder aufgefunden und in die Garnison gebracht werden.

Wir brachen gegen acht Uhr auf und hatten einen harten, anstrengenden Tagmarsch, theils über rauhe Höhen, theils über hügelige Prairien. Vom Regen war der Boden schlüpfrig geworden, so daß der Fußtritt nicht haftete. Manche Jäger stiegen ab, weil ihre Pferde nicht mehr im Stande waren, sie zu tragen. Wir machten im Laufe des Morgens Halt, aber die Pferde waren zu müde zum Fressen. Mehrere legten sich nieder und konnten nur schwer wieder auf die Füße gebracht werden. Unsere Truppe sah höchst trübselig aus: in aufgelöster, zerstreuter Linie zog sie über Berg und Thal, wohl drei Meilen und weiter lang, gemach dahin, in Gruppen zu drei und vieren, weit auseinander, die Einen zu Pferd, die Andern zu Fuß, ein paar Nachzügler weit dahinten. Gegen vier Uhr machten wir zum Uebernachten Halt in einem weiten Forste neben einem tiefen, schmalen Flusse, Little-North-Fork oder Deep-Creek genannt. Es wurde spät, bis das Hauptcorps allgemach ins Lager gerückt war, weil mehrere Pferde im Lager geblieben waren. Da der Fluß zum Durchwaten zu tief war, so verschoben wir die Plane, wie wir hinüber kommen wollten, auf den nächsten Morgen; aber unsere Mestizen schwemmten noch am Abend die unserer Gesellschaft gehörenden Pferde hinüber, weil sie dort besseres Futter hatten und der Fluß sichtbar im Steigen war. Die Nacht war kalt und unruhig, der Wind brauste schauerlich durch den Wald und wirbelte das dürre Laub umher. Wir machten mächtige Feuer von großen Baumstämmen, die uns einigen Trost gewährten, wenn sie uns auch nicht ganz wohl machten.

Am folgenden Morgen ward allgemeine Jagderlaubniß ertheilt bis zwölf Uhr, denn im Lager herrschte Mangel an Proviant. Auf dem üppigen Waldgrunde, wo wir gelagert waren, gab es wilde Truthühner in Menge, und ihrer wurden bedeutend viele geschossen. Zu gleicher Zeit rüstete man sich zum Uebergang über den Fluß, der in der Nacht um mehrere Fuß gestiegen war, und man beschloß, Bäume zu fällen, die als Brücken dienen sollten. Der Capitän, der Doctor und noch ein paar im Forstwesen wohl bewanderte Hauptpersonen im Lager untersuchten mit Kennerblicken die am Flußufer wachsenden Bäume, und bezeichneten endlich ein paar der größten, die zugleich die gehörige Neigung hatten. Sofort wurde die Axt kräftig an ihre Wurzeln gelegt, und zwar so, daß sie gerade quer

9 *

über den Fluß hinüber fallen mußten. Da sie nicht bis zum Ufer gegenüber reichten, so mußten ein paar Leute hinüberschwimmen und drüben gerade gegenüber auch Bäume fällen, so daß sie zusammenreichten. So brachten sie endlich einen unsichern Fußsteg über den tiefen, reißenden Strom zu Stande, auf welchem das Gepäck hinübergeschafft werden konnte; wir mußten aber Schritt vor Schritt auf den Stämmen und Hauptästen hinüberkriechen, und die Bäume waren eine Strecke weit ganz im Wasser, so daß wir bis um den halben Leib hineinkamen. Die meisten Pferde wurden sodann hinübergeschwemmt, mehrere aber waren zu schwach, als daß sie die Strömung hätten aushalten können, und offenbar zu sehr herabgekommen, um überhaupt den Marsch fortzusetzen. Es wurden daher zwölf Mann im Lager zurückgelassen, die Pferde zu bewachen, bis sie sich durch Ruhe und gutes Futter so weit erholt, daß sie den Weg vollends zurücklegen könnten, und der Capitän versprach ihnen, sobald wir im Fort angelangt wären, Mehl und andere Bedürfnisse zu senden.

———

Kurz nach ein Uhr setzten wir unsern beschwerlichen Weg weiter fort. Der Rest dieses Tages und der ganze folgende verflossen unter anstrengendem Marschiren. Es ging theils über steinige Höhen, theils über weite, in Folge des letzten Regens morastige, und von stark angeschwollenen Bächen durchschnittene Prairien. Unsere armen Pferde waren so schwach, daß wir sie nur schwer durch die tiefen Schluchten und die reißenden Ströme brachten. Auf den morastigen Ebenen rutschten und wankten sie bei jedem Schritt; die meisten von uns mußten absteigen und den größten Theil des Weges zu Fuß machen. Der ganze Haufen ward vom Hunger geplagt, alle sahen nachgerade ängstlich, verstört aus, und es war uns, als ob die Meilen immer länger würden. Einmal, als wir über einen Hügel zogen, kletterte Beatte auf einen hohen Baum, der eine weite Aussicht beherrschte, und sah sich um, wie ein Matrose vom Mastkorb. Er brachte erfreuliche Kunde herab: zur Linken hatte er einen Waldstreif durch das Land ziehen sehen und darin das bewaldete Ufer des Arkansas erkannt; in der Ferne hatte er gewisse Punkte beobachtet, aus denen er schließen konnte, daß wir nicht mehr über vierzig Meilen vom Fort entfernt waren. Dieß klang uns, wie verschlagenen Seefahrern der Ruf: Land!

Wirklich sahen wir bald darauf aus einem bewaldeten Thal in der Ferne Rauch aufsteigen. Man vermuthete, er rühre von einer Jagdgesellschaft von Creeks oder Osagen aus der Nachbarschaft des Forts her, und fröhlich wurde er begrüßt, als der Verkünder menschlicher Wesen. Man gab sich jetzt zuversichtlich der Hoffnung hin, bald die Gränzdörfer der Creeks zu erreichen, welche längs des Saums der unbewohnten Wildniß zerstreut liegen, und neu belebt, trotteten unsere hungrigen Jäger dahin; sie schwelgten zum voraus in allen Genüssen, wie das Haus sie bietet, und zählten Stück für Stück die leckern Speisen auf, bis ihnen ob den eingebildeten Mahlzeiten, die sie sich vorspiegelten, das Wasser im Munde zusammenlief. Indessen folgte eine hungrige Nacht auf den beschwerlichen Tag. Wir lagerten am Ufer eines der Zuflüsse des Arkansas, unter den Trümmern eines stattlichen Gehölzes, das durch einen Orkan verheert worden war. Der Sturm hatte in einer dünnen Säule durch den Wald durchgerissen, und sein Weg war durch ungeheure Bäume, die umgestürzt, zersplittert, mit den Wurzeln noch oben am Boden lagen, und zwar alle nach derselben Richtung, wie schwaches Rohr das der Jäger knickt und niedertritt.

Brennholz gab es hier genug, ohne daß man sich mit der Art zu bemühen hatte. Bald flammten und knatterten ungeheure Feuer in der frostigen Luft und erhellten den ganzen Wald, aber leider hatten wir nichts daran zu kochen. Aus dem Mangel im Lager ward fast förmliche Hungersnoth; glücklich, wer ein Stück getrocknetes Fleisch oder auch nur einen halb abgenagten Knochen von einem frühern Mahle hatte. Wir Zeltgenossen waren besser daran als die Nachbarn, denn einer unserer Leute hatte einen Truthahn geschossen. Wir hatten kein Brod dazu, auch kein Salz, ihn zu würzen. Er wurde bloß in Wasser gekocht und letzteres als Suppe servirt, und wir rieben eifrig jeden Bissen des Truthahns im leeren Salzfasse herum, in der Hoffnung, es möchten noch Salztheile daran kleben und die Speise etwas schmackhafter machen.

Die Nacht war bitter kalt; das helle Nordlicht glitzerte an den Eiskrystallen, mit denen alles ringsum überzogen war. Das Wasser gefror neben den Fellen, auf denen wir bivouakirten, und am Morgen fand ich die Decke, in die ich gewickelt gewesen, mit Reif bedeckt; trotz dem hatte ich nie besser geschlafen.

Nach einem Schattenbilde von Frühstück, bestehend aus Truthühnerknochen und einem Becher Kaffee ohne Zucker, brachen wir frühzeitig auf, denn der Hunger macht gewaltig flinke Beine auf der Reise. Die Prairien waren ganz mit Reif kandirt, der das hohe Gras überzog und in der Sonne funkelte. Wir sahen große Flüge von Prairiehühnern, die von Baum zu Baum flatterten oder reihenweise auf den kahlen Aesten saßen und warteten, bis die Sonne den Reif auf Gras und Kraut geschmolzen. Unsere Jäger verschmähten jetzt solch gemeines Wild nicht mehr, und gingen, aus Reih und Glied tretend, einem Prairiehuhn so hitzig nach, wie früher einem Reh.

Alles drängte nun vorwärts, um noch vor Nacht eine menschliche Behausung zu erreichen. Den Pferden wurde mehr zugemuthet, als sie leisten konnten; weil man dachte, sie für die jetzige Mühsal bald durch Ruhe und reichliches Futter entschädigen zu können. Es war aber, als ob sich der Weg länger zöge als je, als ob die blauen Höhen am Horizont, die unsere Richtungspunkte waren, immer mehr zurückwichen, je weiter wir vorrückten. Jeder Schritt wurde zur Pein, hin und wieder konnte ein Pferd nicht mehr weiter und fiel; mit gewaltiger Anstrengung brachte es dann der Eigenthümer wieder auf die Beine, schleppte es vorwärts bis zum Rand eines fließenden Wassers, wo sich, wenn es gut ging, ein dürftiger Streif Grasboden fand, und überließ es dann seinem Schicksale. Auf diese Weise mußte eines der Handpferde des Grafen zurückgelassen werden, ein treffliches Jagdpferd, das bei der Jagd auf wilde Pferde überall vorangewesen war. Man wollte aber, sobald man im Fort angelangt wäre, eine Abtheilung mit Getreide aussenden und die Ueberlebenden einbringen lassen.

Im Laufe des Morgens kamen wir auf Spuren von Indiern, die sich in verschiedenen Richtungen kreuzten, ein Beweis, daß wir nicht mehr weit von menschlichen Wohnsitzen seyn konnten. Endlich, als wir einen Waldstreif durchzogen, gewahrten wir zwei oder drei Blockhäuser unter hohen Bäumen am Saum einer Prairie; sie gehörten Creek=Indiern, welche kleine Grundstücke daneben besaßen. Wären es prächtige Villen gewesen, voll der Verfeinerungen der Cultur, sie hätten nicht mit größerem Jubel begrüßt werden können.

Einige Jäger ritten hin nach Mundvorrath, die Mehrzahl aber zog weiter, um das Haus eines weißen Ansiedlers aufzusuchen, das nicht weit weg liegen sollte. Der Haufen verschwand bald unter den Bäumen, und ich folgte langsam der Spur; denn mein einst so flüchtiges, feuriges Roß schwankte unter mir und konnte gerade noch einen Fuß vor den andern setzen; ich selbst aber war zu müde und erschöpft, um es schonen zu können. So krochen wir matt dahin und bogen endlich um eine dichte Baumgruppe herum, da lag auf Einmal ein Gränzbauerhaus vor mir. Es war ein niedriges Bauwesen aus Klötzen, von hohen Waldbäumen beschattet, mir war aber, als ob ringsum ein wahres Schlaraffenland läge. Da war Stall, Scheune, Speicher, des Segens voll, und auf dem Hofe tummelten sich durcheinander grunzende Schweine, kollernde Truthühner, gackernde Hennen und stolzirende Hähne.

Mein armes abgetriebenes, halb verhungertes Pferd hob bei diesen wohlbekannten Lauten den Kopf auf und spitzte die Ohren. Es ließ innerlich ein Kichern hören, das fast klang wie ein trockenes Lachen, wedelte mit dem Schweif und steuerte leewärts einem mit goldenen Maiskolben gefüllten Schuppen zu; mit Mühe hielt ich es im Strich und steuerte es der Thüre der Hütte zu.

Ich warf einen Blick hinein, und mehr brauchte es nicht, um alle gastronomischen Gefühle mächtig aufzuregen. Da saßen der Capitän der Jäger und seine Officiere um einen Tisch mit drei Beinen, auf dem eine weite, rauchende Schüssel mit gekochtem Ochsenfleisch und Rüben stand. Im Nu war ich vom Pferde, ließ es zum Maisschuppen zurücklaufen und betrat den Palast des Ueberflusses. Eine fette, muntere Negerin empfing mich an der Thüre; sie war die Herrin des Hauses, die Frau des weißen Mannes, der abwesend war. Ich begrüßte sie wie eine schwarze Fee der Wildniß, die plötzlich ein Gastmahl in die Wüste hingezaubert, und es war ein Gastmahl im vollen Ernste. Flugs hob sie einen mächtigen eisernen Topf, der es wohl mit einem der berühmten Fleischtöpfe Aegyptens oder mit dem Hexenkessel im Macbeth aufgenommen hätte, vom Feuer, stellte eine braune irdene Schüssel auf den Boden, neigte den dickleibigen Topf auf eine Seite, und heraus sprangen verschiedene derbe Stücke Ochsenfleisch, hinterher kollerte eine

Schaar von Rüben, und ein voller Strom Fleischbrühe überfluthete das Ganze. Dieß reichte sie mir mit einem Lächeln, das von einem Ohr zum andern einen Streifen Elfenbein sehen ließ, und bat um Entschuldigung wegen der geringen Kost und der geringen Bedienung. Geringe Kost! geringe Bedienung! Ochsenfleisch und Rüben, und in einer irdenen Schüssel! Wie mag man ob solcher Bewirthung einen halbausgehungerten Mann, der aus den Prairien kommt, um Entschuldigung bitten! und dann die prächtigen Stücke Brod und Butter! Bei Apicius! welch ein Mahl!

Als der Gähhunger gestillt war, fiel mir mein Pferd ein, ich fand aber, es hatte sich gut versorgt, denn es war emsig um den genannten Schuppen her und nagte die Maiskolben ab, welche zwischen den Latten vorstanden. Der Capitän und seine Leute übernachteten hier unter dem reichen Segen des Bauerhofes, aber meine unmittelbare Reisegesellschaft eilte, in die Osageagentschaft zu kommen.

Ein Ritt von einer Meile brachte uns an das Ufer des Arkansas. Hier fanden wir ein Canoe und einen Trupp Creek=Indier, die uns das Gepäck hinüberführen und die Pferde hinüberschwemmen halfen. Ich fürchtete, die Pferde möchten nicht Kraft genug haben, der Strömung zu widerstehen, aber das indische Korn, das sie gefressen, hatte ihnen frische Kraft und frischen Muth gegeben, und man sah wohl, sie merkten, daß es der Heimath zuging, wo bald Ruhe und reichliches Futter ihrer warteten; ja, die sieben Meilen, die wir durch den Wald zu reiten hatten, legten sie großentheils im Galopp zurück, und wir langten Abends bei ganz guter Zeit in der Agentschaft am Ufer des Verdigrißflusses an, von wo wir vor etwa einem Monat aufgebrochen waren. Wir übernachteten hier in bequemen Quartieren; wir hatten uns aber in den paar Wochen so sehr an das Schlafen in freier Luft gewöhnt, daß uns Anfangs im engen Raum des Zimmers unbehaglich war.

Am folgenden Morgen begab ich mich mit meinem würdigen Freunde, dem Commissär, nach Fort Gibson, wo wir zwar sehr schmutzig, zerlumpt und sonneverbrannt, aber frisch und gesund an Körper und Geist, anlangten. Und damit war mein Ausflug auf das Jagdgebiet der Pawnees zu Ende.

Gedruckt: Augsburg, in der Buchdruckerei der J. G. Cotta'schen Buchhandlung.